安倍官邸 vs. NHK

森友事件をスクープした私が辞めた理由《わけ》

相澤冬樹

文藝春秋

安倍官邸 vs. NHK

森友事件をスクープした
私が辞めた理由《わけ》

目次

装幀　関口聖司

はじめに

この夏、2018年（平成30年）8月31日、私はNHKを辞めた。31年間、記者として勤めたNHKを退職した。

この日、NHK大阪放送局の最上階、18階の局長室で、私は角英夫局長から退職辞令を受け取った。角局長は10年ほど前、私が大阪でニュースデスクをしていた時に大型番組の担当でお世話になった人。大阪の局長になってからも、司法担当記者としての私の仕事に理解を示してくれた。私は局長にお願いした。「最後に一緒に記念写真を撮らせてください」そして2人並んで写真に収まった。

それから数時間後。上司を通して角局長から伝言があった。「あの写真はSNSなどにアップしないように」……もとよりそのつもりはなかったが、私は自分が思い違いをしていることに気づかされた。局長が理解を示してくれたのは、記者としてデスクとしてNHK報道の仕事に邁進していた私であって、記者を外され退職の道を選んだ私ではないということに。人はしばしば相手の置かれた立場によって態度を変える。心しなければ。

では、なぜ私はNHKを辞めたのか？　それは記者を外されたから。記者の仕事を続けるため、森友事件の取材を続けるため、私はNHKを辞めて大阪日日新聞に移った。

1987年（昭和62年）。昭和の終わりに大学を出た私はNHKに就職。初任地・山口で記者の産湯をつかい、原発誘致で大揺れの上関町、瀬戸内海の密漁の実態、保守政界が真っ二つに割れた山口県知事選挙などを取材し、記者の基礎を学んだ。同時に、維新のふるさと長州で吉田松陰先生の思想に染まり、より大切な、人としての道を学んだ。

次いで事件の本場・神戸でサツ回りの修業を重ね、95年（平成7年）、阪神・淡路大震災に直面。震災半年で避難所を閉鎖しようとする神戸市に対し、神戸局の記者が家族まで総出で避難所での聞き取り調査を行い、避難所を出られない被災者の思いを私が右代表でリポートした。NHK神戸ニュースの総力を挙げた調査報道だったと思う。

震災半年で異動した東京社会部では、介護保険制度創設、日の出町ごみ処分場の汚水漏れ、医療保険制度改革を取材。旧厚生省担当となり、初の脳死臓器移植を経験したほか、歯科医師国家試験漏洩事件で漏洩源を特定する特ダネを出して、13年間の記者生活にいったんピリオドを打ち、ニュースデスクとなって徳島へ。

3年の徳島勤務では、なぜか3回の県知事選を経験する。1回目は通常の任期満了。2回目は現職知事が東京地検特捜部に逮捕されたことに伴う出直し選挙。そして3回目は、出直し選挙で誕生した民主党系知事に対する、自民党県議らの不信任決議による再度の出直し選挙。現職が再度立候補するのかどうか報道陣に問われ、徳島1区選出の民主党の仙谷由人衆議院議員（当時）が「男の子は売られた喧嘩は買わなきゃだめでしょ」と言い切ったのが懐かしい。対する自民党は総務省から徳島県庁に出向していた部長を擁立。大接戦の末、20万対19万で自民が激戦を制した。

その直後、私は大阪府警キャップに。ハンナンＢＳＥ補助金詐欺事件、奈良女児誘拐殺害事件の修羅場をくぐり、２００５年（平成17年）に１０７人が死亡するＪＲ福知山線脱線事故が発生。その日から脱線事故担当デスクとなり、さらにアスベスト健康被害問題、発達障害のシリーズ企画も担当。同和行政の問題を追及する番組では部落解放同盟と、部落差別の実態に迫る番組では、解放同盟と対峙し「部落差別は解消した」と主張する民権連＝民主主義と人権を守る府民連合と、がっぷり四つに組んだ。脱北者の悲劇を描く番組では朝鮮総連と切り結び、在日差別発言訴訟では差別発言者と対峙。いずれも相手方の主張をはね返した。真実の報道を貫き、圧力に負けなかったと自負している。

その後、取材現場を外れて東京でＢＳニュースの制作担当者の一人になるが、11年（平成23年）の東日本大震災で「やっぱり現場取材」と思い定め、翌年、志願して記者に戻してもらい、再度、大阪へ。子どもの自殺をなかったことにする学校現場と教委を告発する番組、大阪市立桜宮高校の体罰自殺事件、生活保護の現場の取材を経て、大阪府北西部の豊中市と近隣市町の地域担当に。

そして16年（平成28年）7月、大阪司法担当キャップを任された。ここで森友事件と出会い、「これは天命」と感じて取材する。そして迎えた18年（平成30年）6月の人事異動……記者を外された私は、ＮＨＫを辞めて大阪日日新聞に移籍することを決意した。

森友事件は森友学園の事件ではない。国と大阪府の事件である。こう言うと違和感を持つ方が多いかもしれないが、おかしなことをしたのは森友学園ではなく、むしろ国と大阪府の方だ。なぜそう言えるのか? それを読者・視聴者に説明するのが私たち記者の務めだ。そのためには、根拠を示すことが欠かせない。

この本で私は、自分が森友事件をどのように取材し報道したか、そのプロセス、つまり記者の企業秘密を明かすことにする。根拠を示すためにそれが欠かせないと考えるからだ。取材源の秘匿との兼ね合いに配慮しつつ、取材先や関係各方面の方々のご理解もできる限り頂いて、極力明かすことにする。そして、森友事件の報道の背後で何が起きていたのか、森友事件の真の問題点は何かを明らかにしたいと思う。

第1章

森友報道は「忖度」で始まった

森友学園前理事長の籠池泰典氏と妻の諄子氏（2018年9月19日）日刊スポーツ／アフロ

2本の原稿

ここに2本の原稿がある（P14～P15参照）。同じ件について書かれているのだが、ぱっと見て違いがおわかりになるだろう。1本目は冒頭で、安倍総理大臣の昭恵夫人のことを書いているが、2本目は冒頭にその記述がない。

1本目は、2017年（平成29年）2月8日、森友事件の発端となった大阪府豊中市の木村真市議による情報公開訴訟提訴の記者会見を受けて、取材した私が書いた。2本目は、私の原稿をNHK大阪放送局の当時の司法担当デスクが書き換えたものである。

なぜ、この違いが生まれたか？ そこから話を始めよう。

この訴訟は、学校法人森友学園（大阪市淀川区、籠池泰典理事長＝当時）に小学校の建設用地として売却された国有地の金額について、木村市議が情報公開請求したのに、開示されないのは不当だという訴えだ。他の国有地の売却額はすべて開示されているのに、この土地だけ「契約相手の利益を害するおそれがある」として開示されない。そして、この小学校の名誉校長には、安倍昭恵総理夫人が就任している……

誰でも「えっ！」と思うだろう。これがこのニュースの最大のポイントだ。だから私はリードに安倍昭恵名誉校長のことを書き、本文でも事実として明記した。しかし司法担当のYデスク（当時）は、リードからも本文からもこの事実を削った。

うまいのは、文末に、会見で木村市議が発言した言葉としてその要素を残していることだ。こうすれば「書かなかったわけではない」と言える。しかし視聴者にとっては、冒頭でその事実を告げればすんなり理解しやすいが、文末で言われても、そこまでニュースの持つ意味合いがわからない。

なぜこんな書き換えをしたのか？　この時、上層部からの指示があったわけではない。現場のYデスクの判断で当たり障りのない原稿に書き換えたのである。Yデスクは私に言った。「この時点で昭恵夫人の名前をリードから出すのはちょっと……木村市議が語った言葉にすれば差し支えないかと……」視聴者にわかりにくくなろうが構わない。というより、わかりにくくなった方がいい。まさに「忖度原稿」だ。

それでも関西では、当日夕方の報道番組でこのニュースが報じられたから、まだよかった。「総理夫人の名前が出ているのだから政治問題になるに違いありません。原稿を全中送りすべきですよ」私はYデスクに進言した。全中とは全国放送のこと。全中送りとは、全国放送用に東京の報道局のネットワークという部署に原稿を送ることを指す。

ところが、この原稿は東京に送られず、全国放送もされなかった。Yデスク曰く、「東京に相

〈私が書いた元の原稿〉

タイトル:大・国有地売却金額開示求め提訴
解禁指定:解禁なし
作成部局:大阪・管中
作成者:相沢冬
処理日時:2017年02月08日15時55分
文書種別:保管原稿

―――――――――――――――――――――――――――――――――――――

※2段(V会見、土地など)大阪・豊中《とよなか》市内にあった国有地を国が学校法人に売却したのに金額が公開されないことから、豊中市の市議会議員が金額の開示を求めて大阪地方裁判所に訴えを起こしました。
法人がこの土地に建設中の小学校の名誉校長には安倍総理大臣の妻の昭恵氏が就任しており、市議らは、背景に何かがあると見られても仕方がないと訴えています。

問題になっているのは、豊中市野田《のだ》町にあった広さ8770平方メートルの土地で、国が去年6月、大阪市内の学校法人に売却し、現在、小学校の校舎が建設されています。

この土地について、豊中市議会の木村真《きむらまこと》議員が売買契約書の情報公開を近畿財務局に求めたところ、金額などの部分が黒塗りされて売却金額が開示されませんでした。

その理由として国側は「契約相手の事業遂行に影響を及ぼすおそれがあり、相手の正当な利益を害するおそれがあるため」と説明しています。

これについて訴えでは、「国の財産を売却するときは、不当に安く売却されないかチェックするため、金額は公開されるのが原則である。適正な金額なら誰も問題にしないので事業の遂行に影響を及ぼすとは考えられない」として、国に対し、売却金額などを開示するよう求めています。

この土地に建設中の小学校の名誉校長には、安倍総理大臣の妻の昭恵《あきえ》氏が就任しています。

会見で木村議員は、「近畿財務局が売却した過去3年間の土地の代金はインターネット上で公開されて誰でも見られるようになっている。この土地だけ情報公開請求をしても金額を出さないというのは、背景に何かがあると見られても仕方がない」と訴えました。
###

〈デスクが直した原稿〉

タイトル:大・国有地売却金額開示求め提訴
解禁指定:解禁なし
作成部局:大阪・管中
作成者:相沢冬
処理日時:2017年02月08日17時16分
文書種別:汎用原稿

(Vヘッダー)。

大阪・豊中《とよなか》市にあった国有地を国が学校法人に売却した代金が公開されないのは不当だとして、豊中市議会の議員が国に代金を明らかにするよう求める裁判を起こしました。

豊中市野田《のだ》町にある広さ8770平方メートルの土地はもともとは国有地でしたが、国が去年6月、大阪市内の学校法人に売却し、現在、小学校の校舎が建設されています。

豊中市議会の木村真《きむらまこと》議員は、この土地の売却代金などを明らかにしようと近畿財務局に情報公開請求をしましたが、公開された文書は代金などが黒く塗りつぶされていたということです。

近畿財務局は木村議員に、「契約相手の事業遂行に影響したり利益を害したりするおそれがある」と説明したということですが、木村議員は「国の財産が不当に安く売却されていないかチェックが必要で、非開示は不当だ」として国に売却代金などの開示を求める訴えを大阪地方裁判所に起こしました。

木村議員はきょう記者会見し、「この土地に建設中の小学校の名誉校長は安倍総理大臣の妻の昭恵《あきえ》氏で、近畿財務局は過去3年の土地の売却代金をインターネットで公開しているのにこの土地だけ明かされないのは背景に何かがあると見られても仕方がない」と述べました。
###

談したんですが『いらない』と言うので……」総理夫人の関与をこれだけ薄めた原稿でも報じない。昭恵夫人が名誉校長に就任していることこそがニュースの核心なのに、それがあるがゆえに報道をためらったとしか私には思えなかった。「忖度報道」と言われても仕方あるまい。

しかし、NHK報道の現実を知る者として、私はYデスクや東京の担当者がことさらにおかしな判断をしたとまでは感じなかった。

「これは政治案件だ。やっかいなことになるかもしれないから、とりあえず原稿の表現を引いたものにしておこう」

「とりあえず全国放送は見送ろう。大阪で報道する分には、大阪の責任だから構わない」

……こういう判断をする管理職は珍しくない。事の是非は置くとして。だから私は「腰の引けた判断だ」と不満を感じながらも、この判断を受け入れた。そういう意味では、私もまだこの時点で、ことの本当の重大性をわかっていなかった。私はこの日の木村市議の記者会見まで、森友学園の存在すら知らなかったのである。

翌日の朝刊で朝日新聞がこの件を大きく報道。世間では「朝日が森友事件に火を付けた」と受け止められている。確かにその通りだ。しかし関西では、先にNHKが報じていたのである。取材記者である私が原稿を書いた。担当デスクが書き直し、報道端末上で放送に使える状態にした。これをNHKでは「汎用化」と呼び、全国の放送局の報道端末で見ることができる。汎用化された原稿は、リードや本文の地の文から安倍昭恵名誉校長の事実が落ちたが、かろうじて文末の会見者のコメントにその要素が残った。それを大阪放送局のテレビニュースの担当者が、編集された映像に合わせてテレビコメント用に加工し、スーパーを発注する。そのコメントをニュースキャスターが読み上げて、夕方6時10分からの大阪発の報道番組「ニュースほっと関西」で放送された。「関西NEWS　WEB」というネット上にも掲載された。

時間的には、これが朝日新聞よりも早い報道だと思う。だが全国への影響力を考えれば、朝日新聞の報道が火を付けたことは間違いない。だから新聞協会賞にもなった。

大幅値引きの発覚

その2日後の2月10日、驚きの事実が判明する。朝日新聞の報道を受けて野党・民進党（当時）が財務省を追及。すると財務省は、情報公開請求に出さなかった国有地の売却額を、あっさりと出したのである。たった2日後に。しかも中身を見ると、9億5600万円の鑑定額から、地中のごみの撤去費として8億1900万円などを値引きし、鑑定額の7分の1以下の1億3400万円で売却している。やっぱり大幅値引きしてるじゃないか！　当然、朝日新聞は翌11日の朝刊で大きく報じた。

11日は土曜日だった。さらに言えば建国記念の日で祝日だ。私は早朝から泊まりデスクに電話で起こされた。「こんな記事が朝日に出ている！」

私は、前日に財務省が民進党に資料を出したことを知らなかった。あわててツテを頼って電話をかけまくり、民進党に資料が出されたことを知って、何とか資料を入手した。これで原稿が書ける。でも、東京の政治部もひどいじゃないか。民進党に資料が出たことを政治部が知らないはずはない。自分たちが原稿を書かないにしても、大阪では報じているのだから、大阪に送ってくれてもいいのに。そう思ったが、実際は違った。

政治部はその日のうちに大阪の政治担当デスクに資料を送り、政治担当デスクは司法担当のYデスクに渡していた。そこで止まっていたのである。これがわかっていたら、きのうのうちに原稿を書いていたし、祝日の朝からこんなにあわてる必要もなかったのに……。

資料を止めたYデスクは、初日に忖度書き直しをしたデスクだ。だが、どうも忖度して資料を止めたのではないようだ。大阪報道部ナンバー2のT報道統括（当時）が問い詰めたところ、「業務多忙の中、重要だという意識がないまま放っておいた」との説明だった。確かに、彼はいろいろ業務が重なって多忙だったのは間違いない。だがそのツケは、我々現場の記者が払わされる。

何はともあれ、「8億円の値引き判明」の原稿を出し、11日午後6時45分からのニュースで報じた。ただし、これも放送は関西のみ。全国放送は報じない。これほど大きな値引きが明らかになっても報じない。

最初に「報じない」という判断をすると、なかなか「報じる」タイミングをつかめなくなってしまいがちだ。だから、積極的に最初から「報じる」判断をするほうがよいと私は感じている。これは森友事件に限らず、一般的に言えることだと思う。

籠池理事長とご対面

そのまた2日後の2月13日、森友学園の籠池泰典理事長（当時）が、取材を申し入れていた報道各社に対し、個別にインタビュー取材に応じることになった。私は、同僚の平井啓三記者とカメラクルーとともに、大阪市淀川区塚本の森友学園に向かった。

学園の事務所は、学園が運営する塚本幼稚園と同じ3階建ての建物にある。1階と2階が幼稚園で、3階が学園事務所と理事長室だ。

正面玄関から中に入ると、まず1階で目につくのは、教育勅語が書かれた大きな額。日の丸の旗。安倍総理大臣の写真。これらは園児たちが日常目にする場所に掲げられている。

階段を3階まで上がる途中で園児たちとすれ違う。元気のよい大きな声で「こんにちは」とあいさつしてくる。階段の途中にも教育勅語の掲示。そして3階。先に民放1社がインタビューしているので、別室で待つことになった。その部屋に我々を案内した女性職員は、部屋に出入りする際に毎回ひざまずいて扉を開け閉めする。高級旅館の女将のようだ。何と言うか、徹底した「しつけ」を連想させた。

室内や廊下には、春から開校する小学校の制服やランドセルが展示されていた。制服はもちろん、ランドセルも学校の校章が入った専用品で、男女それぞれのものがある。「これは後で使えるぞ。撮っておこう」幼稚園職員の許しを得て、インタビューの前に撮影を始めた。と、しばらくして民放の取材が終わり、職員が迎えに来た。いよいよ理事長とご対面だ。いったいどんな人物なのだろう？

理事長室に入ると、籠池理事長は顧問のS弁護士と2人並んで座っていた。2人同時にインタビューに答えるという。いささか変わったやり方で、こちらとしては理事長1人だけの方がありがたいと思ったが、いきなりそんなことを言っては相手の機嫌を損ねるだけだ。これは私と理事長との初対面。どんな取材でもそうだが、まずは相手の懐に入り込まないと本当の話は聞けない。

この時、私は、「森友問題は大きな事件になる。長期にわたる取材になる。理事長はキーマンの一人だ。とにかく信頼を勝ち得なければ」と考えていた。取材先の人の思想信条、発言や行動に賛同できるかどうかではなく、とにかくその人の身になって、なぜそのように考え行動するのかを理解し、その人が私に好感を持ち、胸襟を開いてくれるように事を運ぶ必要がある。それが取材というものだ。

そのために私は一計を案じていた。私が同行を求めた平井記者だ。彼は私の5年後輩で、記者としては大ベテランだ。一貫して社会的弱者の目線で世の中を見つめ、貧しい人、生活保護の人、非正規雇用の人、障害のある人、在日韓国朝鮮人や在日外国人、被差別部落の人たち、弱い立場にある人たちの側に立って取材をしてきた、自他共に認める「真性左翼」の記者である。

一方、私は、初任地が山口。山口と言えば長州、すなわち明治維新のふるさと。山口県民は維新の元勲を輩出したことを限りなく誇りに思っており、私もその薫陶を受けた。山口県警の刑事に軍国酒場に連れていかれ共に軍歌を歌った。吉田松陰先生の遺訓を胸に刻み、長州藩の城下町、萩市の松陰神社のカレンダーを自宅はもちろん職場（大阪司法記者クラブのＮＨＫボックス内。同僚の若手記者２人はさぞ迷惑したことだろう）にまで飾る、自他共に認める「真性右翼」の記者である。

そして山口は安倍首相の地元だ。私が山口にいた30年ほど前、安倍首相は父、故晋太郎氏の東京の秘書だったので、直接会ったことはない。しかし私は山口県政の取材も担当し、地元政界に知己が多かったので、いろいろな方から安倍首相や昭恵夫人の人となりは聞いていた。

この右翼と左翼で一芝居打とう。私が、松陰先生のことや安倍首相の地元のことなどを話して籠池氏の関心をひく。一方、平井記者は左翼的視点で、森友学園の教育方針や籠池氏の思想信条について問い質す。すると私は「先生※に何を失礼なことを言うんだ！」と一喝。その一方で、「先生、大変失礼なことをお伺い致しまして申し訳ございません。ところで実際のところ、ただいまのお話はどのようにお考えでしょうか？」と、結局はそのことを聞くのである。そこを聞かなければ記者ではない。こうして肝心なことを問い質しながら籠池氏の懐に入り込み、何とか本音に近いところを聞き出そう。そして将来の取材のため人間関係を築こうという戦略である。

※先生……私は籠池氏をこう呼ぶ。幼稚園の園長（当時）だからおかしくはない。

全国放送されなかったインタビュー

さあ、この方針でインタビュー開始。私と平井記者の大阪らしい掛け合い漫才？ で場を和ませた上で、本題に入っていく。

初めて話をする籠池氏は、想像とは違い冷静沈着で、どんな質問にも誠実に答えを返してくる。いや、むしろ誠実すぎて舌が滑る部分が多々あった。サービス精神が旺盛で、答えにくい質問、答えられない質問にも何とか答えようとするのである。

例えば、最大の焦点である国有地の値引きの問題。

相澤「小学校の建設予定地として購入した国有地は、ごみの撤去費用として8億円余りが値引きされています。実際に撤去にそれほどの金額がかかるのでしょうか？」

籠池氏「いや、それほどはかからんねえ」

相澤「では、実際にはどれくらいかかるんですか？」

籠池氏「う〜ん、数千万円？ まあ、最大見積もって1億円くらいかなあ」

ここでS弁護士が割って入った。

弁護士「ちょっと待って。籠池さん、撤去費用は正確にはわかりませんよね。相澤さん、1億円という数字は正確に算定したものではなくて、理事長がおおざっぱに見積もった数字ですから、一人歩きさせないでくださいね」

なるほど、弁護士が横に立ち会う意味がわかった。籠池理事長がいろんなことを話しすぎるから、横でチェックして修正するためにいるのである。この「撤去費用、実は1億円」という数字は、朝日新聞が記事にしている。おそらく同じことを籠池氏から聞いて記事にしたのだろう。

私は、1億円がどんぶり勘定で出てきた数字だとわかったので、原稿に使わなかった。だが少なくとも撤去費用8億円は多すぎるということを、この時点で籠池理事長本人があっさり認めていたのである。

さらに籠池理事長は「金額は、国が提示してきた1億3400万円という数字を受け入れただけで、8億円が値引かれたことは知らなかった」「購入代金は10年分割払いで年間1340万円になるので、それまでの賃貸契約の賃料2700万円の半分になり、ありがたかった」とも述べた。国が撤去費用を過大に見積もって値引いてくれた上、分割払いにしてくれたので、負担が軽くなって助かったと、理事長自らが認めたことになる。

私はこの部分が重要と考えて原稿を書いた。それが、次ページに掲げた①の原稿である。一方、デスクが直した原稿は②。ニュアンスがだいぶ違う。それでも国がおかしなことをしているということは伝わる。

けれども、この原稿も関西だけの放送にとどまった。原稿は東京に送られない。2月8日の問題発覚から5日が経っても、NHKの全国放送ではいまだに森友事件は「ない」ことにされたままだった。

〈①元の原稿〉

タイトル:大・国有地売却問題「負担軽く」
解禁指定:解禁なし
作成部局:大阪・管中
作成者:相沢冬
処理日時:2017年02月13日16時32分
文書種別:保管原稿

ーーーーーーーーーーーーーーーーーーーーーーーーーーーーーーーーーー

(V法人施設内部、理事長S)大阪・豊中《とよなか》市にあった国有地の売却代金を国が開示せず、裁判が起こされて2日後に一転して開示した問題で、土地を購入した学校法人の理事長がNHKの取材に応じ、金額が鑑定価格のわずか14%だったことは知らなかったとした上で、「当初の賃貸契約より負担が軽くなるのでありがたかった」と述べました。

問題となったのは、大阪・豊中市内のおよそ8800平方メートルの土地で、国が去年、大阪・淀川《よどがわ》区で幼稚園を運営する学校法人「森友《もりとも》学園」に売却しました。

現在、小学校が建設中で、法人によりますと、学校の名誉校長に安倍総理大臣の妻の昭恵《あきえ》氏が就任しています。

この土地の売却代金について、地元の市議会議員が去年、国に情報公開を求めましたが開示されなかったため、議員は今月8日、国に開示を求める訴えを大阪地方裁判所に起こしました。

ところがその2日後に国は一転して売却代金を公開し、鑑定価格のわずか14%にあたる1億3400万円だったことが明らかになりました。

この学校法人の籠池泰典《かごいけやすのり》理事長がきょうNHKの取材に応じ、金額は国が提示したものを受け入れただけで、鑑定価格の14%だったことは知らなかったと述べました。

また、当初はこの土地を借りる契約を国と結び、賃料は年間2700万円だったと明らかにした上で、購入代金は10年間の分割払いで年間1340万円にあたるため、法人としては負担が軽くなってありがたい契約だったと述べました。

さらに、当初、代金が開示されなかった経緯については、国が、開示するかどうかを尋ねてきたので、「選択できるなら、開示されない方がいい」と答えただけで、法人側から積極的に開示しないように求めたわけではないと述べました。

その上で、「痛くもない腹を探られるようで不愉快だ。小学校は、戦前の教育勅語の暗唱などを取り入れて、愛国心の豊かな児童を育てる目的があり、そのために安倍総理大臣の昭恵夫人に名誉校長に就任して頂いた。当初は『安倍晋三記念小学校』という名称にするつもりだったが、総理大臣に就任後にご本人が辞退されたので『瑞穂《みずほ》の國《くに》記念小學院』という名称に変えた」と述べました。
###

〈②デスクが直した原稿〉

タイトル:大・国有地売却「法人は働きかけず」
解禁指定:解禁なし
作成部局:大阪・管中
作成者:相沢冬
処理日時:2017年02月13日18時00分
文書種別:汎用原稿

―――――――――――――――――――――――――――――――


(Vヘッダー)。

大阪・豊中《とよなか》市にあった国有地が学校法人に鑑定価格の14%で売却され、国が売却代金を一時、非公開としたことについて、学校法人の理事長らがNHKの取材に応じ、「土地の価格は国が示してきた」として、国への働きかけなどはしていないと述べました。

問題の土地は、大阪・豊中市にあったおよそ8800平方メートルの国有地で、国が去年、大阪・淀川《よどがわ》区の学校法人「森友《もりとも》学園」に売却し、現在、小学校の校舎が建設されています。

この売却代金について地元の市議会議員が情報公開請求をしましたが国が非開示としたため議員が裁判を起こしたところ、国は2日後の今月(2月)10日、一転して代金を公開しました。

公開された文書などによりますと、売却代金は9億5600万円に上る鑑定価格の14%にあたる1億3400万円で、国は「地下に埋まっているごみの撤去費用など8億円を差し引いた」としています。

これについて「森友学園」がきょうNHKの取材に応じ、籠池泰典《かごいけやすのり》理事長は「国から提示されたので妥当な金額だったと思う」と述べ、弁護士も「国が提示した金額を受け入れただけで、鑑定価格の14%とは知らなかった」として、法人側から国に働きかけなどはしていないと述べました。

また、代金が一時、非開示となったことについては、」国が開示するかどうかを尋ねてきたので、開示されない方がいいと答えただけだ」と述べました。

さらに、この土地に建設中の小学校の名誉校長が安倍総理大臣の妻の昭恵《あきえ》氏になっていることについては、「小学校の目的は愛国心の豊かな児童を育てることで、そのために昭恵夫人に就任して頂いた」と述べ、国との土地取り引きとはまったく関係がないとし、「痛くもない腹を探られるようで不愉快だ」と述べました。

一方、国は、ごみの撤去費用を8億円あまりと見積もり土地の鑑定価格から差し引いたことについて、「撤去費用をどのように見積もって8億円あまりとしたのかなど詳しい経緯は調査中だ」としています。
###

こうして籠池理事長の最初のインタビューは終わった。この間、理事長室の一角でインタビューの様子を見守り、合間合間にしきりに我々に訴えかける女性がいた。

「理事長はいい人なんです！　理事長は素晴らしい人なんです!!　理事長を信じてくださ い！！！　味方になってください！！！！」

籠池理事長に心酔している様子だが、いったいこの人は何者だろう？　名乗らないのでわからなかったが、幼稚園の職員だろうか？

確かに職員だった。だが、ただの職員ではなかった。幼稚園の副園長にして、籠池理事長の妻、そして先代森友理事長の娘。籠池諄子夫人その人だと、のちにわかる。

籠池氏の行くところ、必ず諄子夫人が同行する。一心同体である。この夫妻と、このあと山あり谷ありの人間模様が展開することになろうとは、この時はまだ知るよしもなかった。

第2章

一転して大報道合戦
～小学校認可の行方～

建設中の森友学園の小学校（2017年3月1日）時事

殺到したお叱りの声

ＮＨＫでは、大阪など地方局で取材出稿した原稿を全国放送に出すには、東京の報道局にあるネットワークという部署にまず原稿を送る。ここが全国の地方局から来る原稿を整理し、必要と思われるものを汎用化（放送に出せる状態）する。さらに各ニュース番組の編集責任者が、どの原稿を全国放送に使うかを決める。これが第1章でも触れた「全中送り」である。最近は原稿を全国放送に使う予定がなくても、全国ニュースのウェブサイトに掲載するためにネットワークに送ることもあるから、「ネット送り」と呼ぶことも多い。

第1章でご紹介したように、森友事件についてＮＨＫ大阪では繰り返し出稿し放送もしていたが、どの原稿もネットワークに送られず、全中（全国放送）はもちろん、全国ニュースのウェブ上も森友事件は「ない」ことになったままだった。大阪局のサイトを見れば載っているのだが、他の地域の視聴者がわざわざそこまでは見ない。

そんな東京のＮＨＫ報道局の方針が一転して変わったのは2月17日のことだった。これには理由がある。

森友学園の籠池理事長（当時）への報道各社のインタビューが行われた13日以降、籠池氏のキャラが抜群に面白いことに民放各社が気づいた。そこで全国放送のワイドショーなどで大々的に放送を展開し始めたのである。すると全国の視聴者が森友学園と国有地売却の問題を知るところとなる。

ところがＮＨＫだけ全国放送で出していない。これに対し視聴者から「なぜＮＨＫは報道しない？　政権に遠慮しているのか！」とお叱りの声が殺到したというのである。私は正確には知らないが、１５０件ほどの苦情があったと聞いたことがある。ＮＨＫは受信料不払いにつながることを一番恐れる。そこで報道局幹部から取材現場に「森友問題を徹底報道せよ」と指示が出たという。

ちょうど2月17日には、国会で安倍総理大臣が「私か妻が関与していたら首相はもちろん国会議員も辞める」と答弁した。政治部がこの発言を受けて原稿を書いた。これが森友事件についてＮＨＫの全国放送が報じた最初のニュースだ。

だが、何しろ全国ニュースではそれまでまったく森友事件を報じていないから、なぜ首相がこんな答弁をするのかが伝わらない。そこで私がそれまで大阪で出していた原稿をもとに、森友事件についてまとめた原稿を書いた。これが、この問題で大阪から東京に送られた最初の原稿である。

この日以降、東京でも政治部、経済部、社会部が競うように森友関連の原稿を出すようになった。それは当然、全国ニュースで大々的に伝えられる。私の原稿も以後は東京に送られて全国放送されるようになった。やれやれ、やっとまともに報じてもらえるようになった。その喜びは大きかった。

この時期、最大の焦点となったのは、問題の小学校が認可されるかどうかだった。森友学園が設立をめざしていた小学校はこの年の4月に開校予定で、すでに大阪府の私立学校審議会（通称・私学審議会）から条件付きで「認可適当」の答申を得ていた。認可適当が出ると、通常はそのまま開校直前に認可がおりる。しかしこの頃、森友学園の幼稚園で「安倍総理バンザイ」を園児に叫ばせたり、教育勅語を暗唱させたりするなど、理事長の思想信条に基づく独自の教育方針が映像と共にテレビで繰り返し伝えられるようになり、大阪府には「認可すべきではない」という声が多数寄せられるようになっていた。

その判断が注目される中、私学審議会が2月22日に臨時の審議会を開くことが明らかになった。当然、この問題が議論される。世の中の注目が一気に集まり、審議会終了後の記者会見場には大阪のみならず東京からも多数の報道陣が詰めかけた。私もその中にいた。

ところが、予定時間を過ぎても審議は終わらず、会見開始は大幅に遅れた。これは審議が紛糾したことを意味するのだろう。いよいよ中身が注目だ。一方で、夜のニュースの放送時間は迫っている。会見が終わるのを待たず、会場で質問し、話を聞きながら、原稿を書かねばならない。会見場にはサポート役として他に2人の記者が配置された。さらにカメラマンが撮る映像はそのまま大阪局内に生中継され、局内でも複数のデスクや記者が内容を聞き取る態勢を取った。

私のスイッチが入った

会見が始まった。話すのは主に私学審議会の梶田叡一会長（私立大学学長）と大阪府私学課の吉本馨課長（当時）だ。一通りの説明が終わった後、私は真っ先に質問に立った。

相澤　「会長は先ほど『認可については さらに慎重に検討する』とおっしゃいましたが、それは『認可しないこともありうる』ということですか？」

梶田会長　「認可適当（の答申）が出ていれば、通常はそのまま認可します。しかし今回の場合、慎重に検討を要する。その結果、認可を認めないということもありえます」

小学校の開校は4月1日だ。すでに入学を申し込んでいる子どもたちもいる。森友学園で撮影した、あの制服とランドセルを買って、入学を心まちにしているであろう子どもたち。なのにこの人たちは、開校まであと1か月とちょっとしかないというこの時期になって、いまだに認可するのかしないのかをはっきりさせない。土壇場になって「認可しない」となったら、子どもたちはどうなるのだ？　今さら公立小学校に入れるのか？　子どもたちのために、一刻も早くはっきりさせるべきじゃないか！

私のスイッチが入った。一人で矢継ぎ早に会長と課長を質問攻めにして、一刻も早くはっきりさせるよう、いつになったら判断するのか明確に示すよう迫った。私一人だけが質問している状況に、司会者が「他にも質問したい方がいると思いますので」と遮ろうとしたが、私は「私が今質問しているんだ。後にしろ！」と言って、さらに会長と課長を追及し続けた。これに対し梶田会長は最後まで冷静だったが、吉本課長はしまいには頭にきたようで、私との間でけんか腰のやりとりが続いた。

横にいたサポート役の記者に電話がかかってきて一瞬席を外した後、戻ってきて私にメモの切れ端を手渡した。そこに書いてあったのは「統括が局に電話しろと言ってます」。大阪報道部ナンバー2のT報道統括が、局内で中継映像を見てまずいと思ったのだろう。私に連絡を求めてきた。

私は一瞥してその紙を投げ捨て、さらに質問を続けた。1時間ほどの会見のうち50分くらいを私が独占したと思う。不思議なのは、他の記者が誰も私を遮らなかったことだ。圧倒されたのか、あきれたのか、「頭のおかしな奴を刺激しない方がいい」と思われたのか、そのすべてだろう。

50分間まくし立てた私は、残りの10分間で大急ぎで原稿を書いた。このあたりは長年テレビ記者として鍛えられている。放送に間に合わせるため、とにかく急いで原稿を書かねばならないことは多い。そして、この会見の原稿を局内で勝手に書かれては困る。どんな内容にされるかわからない。これは現場で取材した私が取材実感に基づいて書かねばならない。見出しは当然、「小学校　認可しないこともありうる」である。これが最大のニュースだ。原稿を送信するのと、会見が終わるのが、ほぼ同時だった。

会見が終わると、私はすかさず私学審議会の梶田会長に近づいた。会見でさんざんやりとりして、事実上けんかをした相手である。けんかをそのままにしてはいけない。必ずフォローしなければいけないのである。これも取材の鉄則だ。取材先とは大いにけんかすべし。ただしフォローを忘れずに。

相澤　「梶田会長、ＮＨＫの相澤と申します（名刺を手渡す）。先ほどの会見ではいろいろ申し上げまして失礼致しました」

梶田会長　「ああ、あれはね、いいんですよ。私はわかっていますから。あれは○○法と言って、相手を怒らせて本音を聞き出そうとする一つの手法ですから」

いや、梶田さん。私はそんな方法知りませんし、そんなつもりで聞いたわけじゃないんですけど。でも、怒っていないのはありがたい。すぐに本題だ。

相澤　「会長は先ほど『認可しないこともありうる』とおっしゃいましたよね。でも認可しなかったら、あの小学校に通う予定の子どもたちはどうなるんですか?」

梶田会長　「きょうの会見であなただけが子どもたちのことを心配してくれた。そのことを本当に素晴らしいと思っています。子どもたちのことは私たちもちゃあんと考えています。考えていますから大丈夫ですよ」

相澤　「行き先を考えていると?」

梶田会長　「そうです。認可しなかった場合に子どもたちをどうするか検討するように、事務方に指示しています」

これは大きなニュースだ。審議会は、小学校を認可しなかった場合の子どもたちの行き先のことを検討している。ということは、事実上、もう小学校を認可するつもりがないということだ。ただ、現時点でそうは言えないからギリギリの表現として「認可しないこともありうる」と言ったわけだ。
次に私は大阪府私学課の吉本課長のところに行った。吉本課長は教育者ではなく府の役人だ。会見で暴れた私が近づいてくるのを見て警戒心を示した。

吉本課長　「まだ何か聞きたいんですか?」

相澤　「先ほどは会見で失礼致しました。でも私が心配しているのは子どもたちのことなんですよ。小学校が認可されなかったら行き場を失ってしまうじゃないですか。どうするんですか?」

吉本課長もこれで警戒心をやや解いたようだ。

吉本課長　「それはわかります。私たちもそれは考えているんですよ」

相澤　「どういう風に? 行き先をどうするんですか?」

吉本課長　「公立小学校で受け入れるしかないでしょう。だからその準備をしています」

相澤　「入学希望者は(地元の)豊中市だけでなく、あちこちに散らばっていると思いますが」

吉本課長　「そうですね。我々は入学希望者をすべて把握していますから、そのすべての地元自治体と話をしています」

もう間違いない。子どもたちの地元自治体すべてと話をするなんて、認可しないつもりだからだ。私は自分の判断に確信を持った。

ところがどういうわけか、共同通信が「小学校　認可の方針」という原稿を配信してきた。私の原稿と180度方向性が違う。こういう原稿を見るとデスクはびびる。

デスク　「共同がこんなのを打ってきたんですけど、どうなんですか?」

相澤　「私は会見の後で梶田会長と吉本課長と話をして、2人とも認可しないことを前提に準備していることを認めました。本来なら『認可しない方針』と書きたいくらいだけど、それも差し障りがあるから、会見で会長が述べた範囲で『認可しないこともありうる』と書きました。だから大丈夫ですよ」

これでデスクも納得し、私が当初書いたとおりの内容でニュースが出た。ところが翌朝、朝刊各紙はほぼ共同通信と同様に「認可の方針」と書いてきた。これは会見で梶田会長が「認可適当が出れば通常はそのまま認可する」と述べたところをとらえている。しかし梶田会長はその後「しかし今回は認可しないこともありうる」と述べているのである。この2つを並べれば、「認可しない」方に重点があるのは明白だが、あの会見場にいたほとんどの記者はそのことを理解しなかったとみえる。私はこれを「記者のリテラシーの欠如」と呼んでいる。結果を見れば、どちらが正しかったのかは明らかだ。

首相答弁と食い違う証言

最初の籠池理事長インタビューでの右翼左翼漫才作戦。その効果があったことがわかったのは、それからまもなくだった。学園顧問のS弁護士から私に電話が入った。

「相澤さん。籠池理事長が特定の社を選んで独占インタビューに応じたいと話しています。理事長の周辺は、学園の考えに近いところとして読売テレビを推していますが、理事長も私も、相澤さんが信用できるからNHKにも応じた方がいいと考えています。いかがですか?」

ちょうどこちらも理事長に再度いろんなことを確認したいと考えていたところだ。次々に明らかになる幼稚園での園児たちの映像。独特の教育方針。高まる批判。大阪府の松井知事も小学校認可に否定的な発言をし始めていた。

安倍首相も、それまでの学園への評価を一転させて、学園と籠池理事長批判を始めていた。中でも昭恵夫人の名誉校長就任のいきさつについて、2月24日の国会で「就任を断ったのに、その後の講演で突然(名誉校長就任を)紹介されて、最終的に受けることになった」と答弁していた。無理矢理就任させられたという説明だ。

これは事実なのか? そして、指摘されている一連の問題についてはどう説明するのか? 批判に回った松井知事や安倍首相のことをどう考えているのか? 理事長に聞きたいと考えていた。そこに独占インタビューの申し出。まさに渡りに舟だ。インタビューは2月26日、日曜日の午後6時半から、籠池理事長とS弁護士がNHK大阪放送局を訪れて、再び2人並んで行われることが決まった。

インタビューの実施前、「真性左翼」平井記者が私に言った。「森友学園の幼稚園では、おもらしをした園児のぬれたパンツをそのまま園児のカバンに突っ込んで持ち帰らせたと保護者から聞きました。これは本当なのか聞いてください」

え〜、そんなこと聞くの? ハードル高いなあ。でも何とか様子をみて聞いてみると返答した。

当日、待ち受けていた私の前に姿を現したのは、籠池理事長と弁護士だけではなかった。立会人が10人前後も一緒だった。どういう人たちか尋ねると、幼稚園児の保護者や学園の支持者だという。そのうち一人の女性は、インタビューの間中、ビデオカメラを回していた。質問する私の姿と発言は、すべて撮られている。今後、どういう形で流出するかわからない。というより、ネットで流出するものと覚悟した方がいい。流出しても構わないように、学園に迎合するような発言は一切できない。一方で、理事長の機嫌を損ねるような質問をしては、インタビューが成立しなくなるし、今後の取材も難しくなる。その兼ね合いを考えながらの質問となった。

冒頭、籠池氏から次のような発言があった。

「私のことについて国会などでいろんなことを言われているが、この国有地の売買について、私には一点のやましいこともない。政治家に便宜を図ってもらったこともない。日本人としてまっすぐな気持ちで、そういう学校を作ろうとしているわけですから。そのことだけはきちんと伝えてほしい。それがインタビューに応じる条件です」

私は答えた。

「わかりました。お約束します。籠池先生が今おっしゃったことは必ずきちんと伝えます。ですが、そのことだけというわけにはいかないことはご理解ください。私にも籠池先生にお聞きしたいことがいろいろあります。そのこともニュースでは伝えます。でも、籠池先生が今おっしゃったことも必ず伝えます。それでよろしいですか?」

籠池氏はこれを了承した。こうしてインタビューが始まった。まず、籠池氏が訴えたいこと、すなわち「やましいことはない」という話を伺った。ここからが勝負だ。私の質問が始まる。この日の取材で最も重要なポイント、すなわち昭恵夫人の名誉校長就任のいきさつについて、籠池氏はこう答えた。

「夫人は、事前に名誉校長就任をお願いした際に承認をされたので、講演の場で紹介し、就任してもらったと考えています。森友学園の教育理念に賛同してくれて、当園に来てくれて、子どもたちのたたずまいなどに賛同されたと思っています。園には3〜4回来て、幼稚園のことをよく認識されて名誉校長にご就任あそばされた」

当時の昭恵夫人のフェイスブックにも次のような記載があった。「大阪の塚本幼稚園にて講演。園児達は大変お行儀が良く元気です。毎朝君が代を歌い、教育勅語、論語や大学などを暗唱」

籠池氏の証言は、明らかに安倍首相の国会答弁と食い違う。どちらが正しいのかはわからないが、少なくとも一方の当事者が首相答弁と食い違う証言をしたことは大きなニュースだ。あすのニュースの見出しは決まりだ。

続いて、当時幼稚園について伝えられていた様々なことについて質問していく。籠池氏はどの質問にもはぐらかさずにきちんと答えた。同席者のビデオカメラは相変わらず回り続けているが、場の雰囲気は和やかだ。これは行けそうだ。私は最後の最後に、平井記者から依頼のあったあの質問をした。「おもらしをした園児のぬれたパンツをそのままカバンに入れて帰宅させたという話があります。そういうことがあったんでしょうか?」こうして書いてみても、身もふたもない質問だ。だが、籠池氏はきっぱりと答えた。
「それは事実です。これはしつけの一環ですから。もちろんいきなりそうしたわけではない。最初はきちんと洗って乾かして持ち帰らせてあげた。でも、何度も繰り返す子がいる。子どもはきちんとしつければ2歳になればおむつを外せるんです。何度も繰り返すのは親のしつけができていないからです。親にわからせる必要がある。それで、ぬれた下着をそのまま持ち帰らせたんです」

独自の理論に基づき信念を持って実行しているので、自信たっぷりに答えたのである。驚いた。だが取材の成果は充分上がった。

インタビューが終わり、私は翌朝のニュースに向けて原稿を書いた。見出しはもちろん「名誉校長　事前に承認受けた　総理答弁と食い違う証言」だ。そこをメインで書いた後、約束通り、「土地取引で政治家の便宜はない」という証言も原稿の最後に付け加えた。

だが、デスクが直した原稿は、逆に「政治家の便宜はない」という部分をメインにして、総理答弁と食い違うという部分を原稿の最後にくっつけた。取材内容のいろんな要素の中からどこを一番のニュースとして切り出すかは、それぞれのセンスによって判断が分かれる。だから、これがまったくおかしいというわけではないが、私としては不満の残る形だった。でも結果的に、籠池氏との約束をより強い形で果たしたことになった。

我々のインタビューに応じた後、籠池氏は読売テレビに向かい、そこでもインタビューを受けたそうだ。だが、読売テレビの放送内容に不満を持ち、以後、距離を置くことになる。

籠池氏によると、「例によってワイドショーでおもしろおかしく揶揄するような扱いをされた。約束が違う」とのことだった。「その点、相澤さんは約束通り私たちが訴えたいことをきちんと伝えてくれた。ありがとう」

誠意を尽くして言葉を重ねる

私学審議会の記者会見で暴れた後、梶田会長や吉本課長と関係修復を図ったことはすでに述べた。しかし大阪府の担当者、特に私学課の職員にしてみれば、私が会長や課長と会見後に話をしたことは知らないから、私のことを「モンスター記者」と思ったままだ（それももっともだ）。

大阪府庁にはＮＨＫの担当記者が３人常駐している。そのうちの一人、女性のＹ記者が教育委員会や私学課の担当だ。あの会見の日、彼女は別の取材のため出席していなかったが、私学課の職員たちから「ＮＨＫに凄い（むろん悪い意味で）記者がいた」と聞かされ、自分の仕事をやりにくくされたと感じて私への不信感を持ったようだ。

しかし、森友事件の取材はこの時、小学校認可の行方が最大の焦点だ。司法担当で森友をメインで取材する私と、大阪府私学課担当のＹ記者との間に溝があっては、何かと不都合だ。そこで例の「真性左翼」平井記者が気を利かせて、私たち２人の手打ちの会合をセッティングしてくれた。彼は大阪での行政取材の経験が豊かで、Ｙ記者の相談に何度ものっていた。

手打ちは３月１日の夜、私の行きつけの上本町（大阪の繁華街の一つ）の某寿司店の奥座敷と決まった。そこで私たち2人は、夜回り中というY記者が取材を終えて現れるのを待った。

夜も遅くなって店に姿を見せたY記者は、落ち込んだ顔つきだった。

相澤「どうしたの、そんな顔して」

Y記者「先輩が森友関連のネタを取ってきて、私が担当する府の幹部に当てて裏を取ってこいと言われたんで、夜回りに行ったんですよ。そしたら幹部が激怒して、『そんなのどこで聞いた？ガセだ。NHKがそんなの報道するのか？　もし出したら会見して誤報だと言ってやる！』って、マジギレですよ。仕方なく先輩にそのまま報告して、このネタはお蔵入りになりました」

相澤「おまえさあ、幹部にネタを当てて、すんなり『そうです』なんて答える訳ないだろ。誤報だと言うために会見開く？　そんなの聞いたことないだろ。ありえないよ。もし本当にガセなら、あっさり否定するだけだよ。誤報の会見を開くとまで言うのは、逆にネタが本当だという証拠だよ。つまりこれは事実上認めてる、そう解釈するのが本物の記者だ。それが記者のリテラシーなんだ。その上で、『事実上』を取って『認めた』にするために会話を重ねるんだよ。そんな言い方をしたのは、今は出されたくない事情があるからだ。その事情は何かと言えば、おそらくネタの内容をまだ審議会の先生方に伝えていないから、その前に出されると困ると思ったからだ。今頃、大慌てで先生方に電話してるよ。で、先生方に伝え終わったら、もう出されたくない事情がなくなるじゃないか。だから対応が一変するよ」

Y記者「そうなんですか～？　そうかなあ」

Y記者は半信半疑だ。そこで私は……

相澤「いいか、今からここで幹部に電話して、俺が言うとおりに聞いてみろ。そしたらきっと相手は認めるから」

Y記者「え〜、でも幹部を怒らしちゃったんで、先輩から『しばらく当たるな』って言われちゃったんですよ」

相澤「あのなあ、先輩やデスクに言われたまんまの行動しかしないんなら、一生まともな記者にはなれないぞ。上の人には内緒で聞くんだよ。認めさせさえすれば誰も文句は言わないから。とにかく騙されたと思って俺の言うとおりに聞いてみろ」

私に何度も強く言われて、Y記者はしぶしぶ店の外に出て電話をかけた。そして数分後、戻ってきた。満面に笑みを浮かべて。

Y記者「相澤さん、認めました！　さっきと全然態度が違うんですよ。『仕方ないなあ』っていう感じで」

相澤「だから言ったろ、出されたくない事情がなくなったら対応が一変するって。『これは事実上認めてる』と確信を持って攻め手を考え、誠意を尽くして言葉を重ねれば、相手は最後には認めるんだよ」

Y記者はさっそく先輩記者に報告。ネタは復活して翌朝のニュースに出すことが決まった。そして我々はうまい寿司と酒で祝杯をあげた。2人の手打ちが成立したことは言うまでもない。この一件の後、Y記者はしばしば私に取材の相談をしてくるようになり、連携して取材ができるようになった。

第3章

クロ現制作ですったもんだ
〜けんかの末に仲間に〜

NHK（東京・渋谷）

緊急クロ現

森友事件の報道合戦がヒートアップする中、２０１７年（平成29年）２月末、ＮＨＫの看板報道番組の一つ「クローズアップ現代＋」でこの件を取り上げることが決まった。放送予定日は３月13日だ。時間の余裕はない。このように事件の進行に合わせて急きょ制作するこの番組を、我々は「緊急クロ現」と呼ぶ。

報道番組のディレクターが東京と大阪で大量動員された。では、取材に当たる記者は？　ディレクター陣はまず東京社会部に声をかけた。しかし社会部は当時この件でほとんど取材をしておらず、手持ちの情報がない。森友事件の原稿を出しているのはもっぱら大阪報道部だ。そこでディレクター陣は我々大阪の記者に声をかけてきた。こちらとしても望むところだ。こうして東京・大阪の報道番組ディレクターと大阪の記者が結集して大所帯の取材チームが結成された。

では、番組の方向性はどのようにすべきか？　そのための取材はどのように進めるべきか？　最初の打ち合わせは２月27日午後１時半から、大阪城を望むＮＨＫ大阪放送局11階の報道部のフロアで行われた。

私は、森友事件には2つの大きな疑問点があると捉えていた。
①基準を満たすのか疑問のある小学校がなぜ「認可適当」とされたのか？
②小学校予定地としてなぜ国有地が大幅に値引きされて売却されたのか？
①は認可に当たる大阪府の問題、②は売却に当たった国の問題だ。どちらも、府や国の公務員が行政のルールを逸脱し、森友学園の小学校設立のため最大限の便宜を図ったように思われる。公務員というのは通常、堅すぎるくらいルールを守り、融通を利かせないものだ。なぜ、この件だけこんなに融通を利かせたのだろう？
通常なら、金を使った贈収賄という構図を疑う。だが、どうもそうではないという感触を私は持っていた。というのは、関与している公務員が多すぎるからである。認可を担当する大阪府私学課の課長以下担当職員たち。国有地売却に関わった財務省近畿財務局と国土交通省大阪航空局の職員たち。そして本省のキャリア官僚たち。そのすべてを買収しないとこんな無理はできない。でも、そんな大勢に金を配ったら、絶対どこかから漏れる。しかも森友学園にはお金がない。こんなに大勢の公務員たちに賄賂を贈れるような金はない。もしも潤沢な資金があるなら、そもそも国有地を無理して安くさせる必要がない。

では、なぜ？　お堅い公務員が、それもキャリアを含む大勢の公務員が、賄賂をもらったわけでもないのに、一学校法人の言うがままに、小学校設立に便宜を図ったのか？　これを解明できるかどうかが最大の課題だ。

しかしそのハードルは高く、すぐに解明できるとは思えない。番組まであと2週間というこのタイミングではとても無理だ。となると、この2つの疑問点の解明は「今後の宿題」として番組で提示するとして、まずは①の「小学校の認可」が番組の核になる。これはまさに現在進行形で、どうなるのかが当面の最大の焦点になっているからだ。そしてこれは大阪府のことだから、大阪の記者、すなわち私たち大阪放送局報道部の記者が最優先でやらねばならない。取材ターゲットは、なんと言っても認可の鍵を握る大阪府の私学審議会、中でも会長の梶田氏。そして事務方の私学課だ。

この小学校の設置認可申請は、2014年（平成26年）12月に開かれた定例の私学審議会でいったんは「認可保留」となる。委員の間から様々な懸念が示されたからだ。ところがわずか1か月後の2015年（平成27年）1月、臨時に審議会が開かれ、一転して「認可適当」となった。1か月で正反対の結論。これはいったい何なのか？　この1か月に何が起きたのか？

この日の打ち合わせで私がこう説明すると、ディレクター陣も得心したようだ。番組の枠組みや取材方針は走りながら考えることにして、とりあえず私たちは走り出した。

最重要ターゲットからの電話

その夜、私は久しぶりに取材を離れ、懇意にしている同期の元記者で大阪のテレビニュース制作部門のトップを務める男性Kと、後輩記者だった女性Tとともに、行きつけの上本町の寿司屋にいた。Y記者を指導した例の店だ。ただし日時的には、この夜の会合の方が2日先だ。

KとTの2人は、以前一緒に仕事をした仲間で、心底、私の味方として信頼できる。座敷に客は私たちだけで、思い出や近況など様々な話題で夜遅くまで盛り上がっていたところ、私の携帯に電話がかかってきた。見慣れぬ電話番号だ。誰からかわからない。とりあえず電話に出た。

相澤「はい、相澤です」

相手「相澤さんですね。私、私学審議会の梶田です」

え〜っ、私学審議会の梶田会長だ。きょうの打ち合わせで最重要取材ターゲットとして名前をあげた人だ。私はこの日の打ち合わせの直後、梶田氏と接触を図るため、彼が学長を務める大学に電話をした。しかし不在だったため、「改めて電話をかけるが、学長にNHKの相澤から電話があったと伝えてほしい」と伝言をお願いしていた。でもまさか、先方から電話をかけてくれるとは。しかもこんな夜遅くに。

梶田会長は語った。

「自分たち審議会の委員は非常に危機感を持っている。この小学校は本当に大丈夫なのか？　入学予定者は充分いるというが、本当に必要書類はそろっているか？　先生方の履歴書はどうか？　教員免許を持っていても、小学校での教員経験のない人ばかりでは困る。寄付金などお金の集まり具合はどうか？　委員全員がかなり強く事務方に言っている。次の審議会できちっと報告するよう言っている。次回の審議会の状況次第では、認可保留になるかもしれない」

これは大変なことだ。私学審議会会長が認可保留の可能性を口にした。特ダネ情報だ。梶田会長は続けた。

「認可保留にしたら、すぐに入学予定者の親に接触しなければならない。なぜ保留したかの説明会もしなければいけない。近くの公立小学校も紹介しなければならない。こういうことは微妙な問題をはらむ。子どもも親も心に大きな傷を負う。

率直に言って、問題はあっても2年前は認可適当の答申を出した。しかし今では、そのままいくとは思っていない。これほどの問題をはらんでいるとは誰も思っていなかった。変わった人が小学校経営に乗り出す、くらいにしか思っていなかった。ただ、カリキュラムを指導しないといけないという声は当初からあった。今の事態にはびっくりし、腹も立っている。教育の世界の信用問題だ。次回の審議会以降の状況次第では緊急会見もありうる。重要なのは審議会の委員の皆さんの意見をまとめること。一部の人だけが情報を持っているということのないよう、みんなが意見を出してまとめる必要がある」

私は必死にメモをとった。電話を持ちながらだからメモ帳を押さえておくのが難しい。向かいに座っていた同期のKがメモ帳を開いて押さえ、私がメモをとりやすいようにしてくれた。最後に私は梶田会長に尋ねた。

「大変貴重なお話をありがとうございます。でも、なぜ私にこの話をしてくださったのですか？」

「それはね、あなただけがあの日、子どもたちのことを心配してくれたからですよ。あなたならこの話をわかってもらえると思ってお電話しました」

記者冥利に尽きる瞬間である。電話を切ってふと前を見ると、向かいでKが泣いている。

「俺はなあ、記者としては、おまえほどうまくいかなかった。おまえがうらやましいよ。こういう取材先との信頼関係がうらやましい」

Kは、NHKでは私よりはるかに出世している。次に異動する時は、どこか地方局の局長になるはずだ（実際、この年に四国某局の局長になった）。そのKが、私をうらやましいと言う。やはり彼も記者だ。記者はどこまでいっても記者魂を失わない。

その後、酔いつぶれたKをタクシーに乗せて送り出し、私とTは2人残った。もう電車はない。どうする？　とにかく店を探そうか。2人で歩いていると、とあるビルの前で、店外に向けて大音量でロックを流している店を見つけた。ポリスのロクサーヌだ、懐かしい。ロック漬けだった私の高校時代のヒット曲である。ここに入ろう。ビルの3階にある「マイル・ハイ・クラブ」という店に入った私は、扉を開けるなり店主に叫んだ。

「ポリスかかってるやん！」

その後、ビールを頼んでTと2人で話していた。ふと気づくと、さっきからかかっている曲が全部私のつぼを押さえた「ど真ん中」の曲ばかりだ。

「さっきから私の好きな曲ばかりかかってる。店長、何も言ってないのにどうしてわかるん？」

「わかりますやん、最初の一言で」

ポリスかかってるやん、の一言ですべてわかったというのである。この店主、あなどれない。

この日を境に私は毎晩のようにこの店に通うようになり、さらに向かいの「うえほんまちハイハイタウン」、そして近くの谷9（谷町9丁目）交差点角のスタンディングバー「バタバタ」にも通うようになって、とうとう半年後には上本町に引っ越してしまった。

連携しない混成チーム

番組はディレクターが作るものだ。提案し、構成を考え、ロケをし、映像編集に立ち会い、コメントの原案を作る。そのためにはディレクターも取材が必要で、いいディレクターは記者以上に取材ができる。

NHKではディレクターのことをPD（program director）と呼ぶ。この時、クロ現の制作に結集したPD陣は、とにかく人手がいるということで、ベテランから若手まで多種多彩な人材がそろっていた。その一人、東京のUは、現場で取材する一線のPDとしては最年長の部類に入る手練れだ。私は彼とは初対面だった。いかにも数々の修羅場をくぐってきたという感じの、押し出しの強い風貌で、自信たっぷりに語る。2月27日の最初の打ち合わせの後、彼は以下のようなメールを、私学審議会の取材チーム全員に送ってきた。内容は要約してある（この章の引用メールはほとんどが一部要約）。

【February 28, 2017 2:54 PM】
このたびはクロ現取材でお世話になります。
2014年12月定例会の「認可保留」から一転、

翌年1月の「認可適当」への変化。
その背景を探る関係者取材、よろしくお願いします。
それぞれ担当の委員のアポが確定しましたらご連絡ください。
都合がつけば私もご一緒したいと思っております。
また、2012年の大阪府による私立小学校の設置基準緩和について、
その経緯や背景の取材を進めたいと考えております。
その点につき、突破口はどこにあるか、など改めて相談させてください。
今後とも連絡を密に、検討重ねていけたらと思います。

このメールでもわかる通り、問題点をきちんと押さえ、ベテランとして若手記者やPDに的確な指示を出している。だがこの後、私は彼と繰り返し衝突することになる。

Uのメールが届いてまもなく、私は以下のメールを取材チームの記者に送っている。

【February 28, 2017 5:38 PM
Subject: 重要情報】
取材チームの皆さま
BK（注・NHK大阪放送局のこと）司法クラブ・相澤です。

N記者と関係者を取材した結果、以下の重要情報がわかりました。
・認可保留が一転して認可適当に変わった1か月の間に、
籠池理事長が府議などを回って「何とかしてくれ」と陳情している。
その紹介者は、山口県防府市の松浦市長である。
松浦市長は当時、学校のために熱心に寄付集めをしていた。
・財務省を動かすには、それなりの大物が必要。
それは、●●議員ではないかと推測される。根拠はないが。
・これまで完全無視だった読売と産経が、最近、記事を書き始めた。
おそらく政権サイドが「安倍は無関係」との確証を摑んだため、
上層部のゴーサインが出て書き始めたのだろう。
ここからも、主犯が安倍総理ではなく●●議員と推測できる。
（あくまで情報のみ。オフレコで）

認可保留から認可適当へ、問題の1か月の間に、籠池氏が認可への協力を求めて地元・豊中市の府議に会っていたという話が、当時出ていた。籠池氏は何を言ったのか？　どんな協力を求めてきたのか？　この府議は重要な取材対象になる。だが、チーム内の連携は取れていなかった。
その府議への取材がバッティングしたのである。私は釘を刺すため全員にメールを送った。

【March 03, 2017 11:40 AM
Subject: N府議の件】
取材チームの皆さま
N府議には、2月28日の時点ですでに私とN記者が詳しく話を聞いています。
その時に出た話は表に出さず、あくまで会見で出た話にとどめて下さい。
※N府議は3月3日、読売新聞に誤解のある記事を書かれ、緊急会見している。
ちなみに、防府の松浦市長は私の30年前の取材先で、けさ、彼から私に電話がありました。

彼がなぜ森友に関わったのか、詳しく説明してくれました。

政治家の言うことをすべて真に受けるわけにはいきませんが、それなりに筋の通った話でした。

出稿の必要があるなら「独自」で出稿します。

ご判断よろしくお願いします。

その他、取材情報は、すべてT統括とNデスクに集中させ、判断して頂きたいと思います。


問題は、「取材した」という事実が共有されず、内容も共有されていないということだ。当時、私は取材チームの連携と情報共有の重要性をことあるごとに訴えていたが、実現していなかった。それでも私は一方的に情報を出し続けた。いつかはわかってもらえると信じて。以下に、当時私がチームのメンバーに送った2本の取材メモを紹介する。送信日時はMarch 03, 2017 2:41 PMだ。

《取材メモ》

【N府議】

地元が豊中市南部の庄内地区で、まさに問題の土地がある地域。

17/02/28　前の地域担当・相澤と、今の地域担当・Nの2人で、本人の事務所で面談。

◇3年前、私学審議会で認可保留となってからまもなく、籠池理事長本人が私に会いに来た。「認可がおりないで困っている。何とかならないか」という主旨の話だった。仲介者を介して来た。仲介者は言えない。

※（その後の電話で）

Q）仲介者って、●●さんでしょ？

A）違うよ。山口の人。噂になってる。

Q）ああ、防府市長ですね。

A）そうそう。

Q）ところで、そもそもNさん、どうして防府市長と知り合いなの？

A）ゴルフ仲間。4回ほど一緒に行ったことがある。

　あの小学校のために、ずいぶん熱心に寄付金集めをしていたよ。

◇地元では以前から、問題の土地があの法人に売却されたら「何かあるね」と噂になっていた。何らかの力が働いたということ。

　そもそもあそこは、ずっと以前には豊中市が公園にするという話があったが、全部は無理ということで、市は東側の土地だけを購入し、さあ、西側はどうしようとなった。そこへ、隣接地に校舎がある大阪音楽大学が、土地を買いたいと国に申し出た。地元にとっては「音大がある街」として売り出しているだけに、音大が買ってくれるのはありがたい話。しかし、音大が5億円あまりの価格を提示したのに、国は「安すぎる」として蹴った。

（その他、いくつかありましたが、取り急ぎここまでまとめました）
◇音大関係者紹介交渉
Q）音大関係者に当時の経緯について話を聞きたい。紹介してほしい。
A）わかった。知り合いを探してみる。
※（その後、当日夜の電話）
一人、話してもいいという人が見つかったが、「学校として、取材には一切応じない」という方針を決めているので、あさって（3月2日）の理事会で相談した上で応じるということだった。少なくとも本人は前向きだった。
※（3月2日夜の電話）
ダメだったよ。理事会にかけたが、「騒ぎが大きくなっているから、今は慎重にしよう」という話になったらしい。「広報に電話すれば、しゃべれるところはしゃべる」と言っているが、広報に電話したって、通り一遍の話しか聞けないと思うよ。

でも、「朝日が一発目にすっぱ抜いた記事はすべてあっている」とも話していた。そこは出してもOKということだった。確か8億円で買おうとしていたという話。詳しく覚えてないが。

◇幼稚園現役保護者紹介交渉

Q）今、幼稚園に通っている保護者を探している。誰か紹介してほしい。

A）幼稚園は豊中じゃなく、淀川区だからなあ。いるかなあ。

Q）淀川区にも維新の府議がいるでしょ（N府議は維新）。その人を介してとか。

A）わかったけど、あんまり期待しないでよ。

※（その日の夜の電話）

取材に応じるという保護者が見つかった。籠池理事長の考えに賛同する人だよ。どうせなら複数の保護者でまとめて話を聞いてほしいということだった。でも、こういう状況だから、理事長に話をして了解をもらってからにしたいということだった。

（※別途、籠池理事長に私から電話。「保護者から相談があるはずですから、了解して下さい」とお願いし、了承を得ました）

※（3月2日の電話）

まだ返事がないんだよ。おかしいなあ。また聞いておくから。

Q）その人は年中組の保護者？　年長組？

A）年長さんだよ。でも、あの小学校には「行かせへん」ということだった。

Q）できれば、あの学校に行かせるという保護者がいるとありがたいんだけど。

A）またまた、無理を言う（笑）。

《取材メモ》

【山口県防府市　松浦市長　取材メモ】17/03/03　朝、本人から相澤に電話。

前日、山口局の防府市政担当記者を通じ、市役所秘書課に面会申し入れ。「議会前で市長は忙しい。電話ではダメなのか」との返答だったので、「電話でもいいです」と伝え、「30年前に県議時代の市長にお世話になった者です。今は大阪の記者です」と「大阪」を強調して伝えてもらったところ、電話があった。

市長）きのう電話があったそうですが、森友学園の件ですね。

相澤）ご推察の通りです。

市長）なぜ私に？

相澤）地元で、「市長が小学校のために熱心に寄付金集めをしていた」と言う人がいるものですから。

市長）やっぱりね。それはちょっと違うんですよ。

相澤）そうでしょうね。この問題では、いろんな人がいろんな思惑でいろんなことを言っています。ＮＨＫは、一つ一つ内容を精査して伝えていますから。一部報道機関のように、聞いたことをすぐにそのまま出すことはしませんので。

市長）籠池さんとは、雑誌で対談したことがあるんですよ。「致知」という雑誌の２０１５年４月号。１月か２月に対談し、それが４月号の記事に載った。

私は「全国教育再生首長会議」の会長をしていたので、そのご縁での対談です。幼児教育の重要性について話しました。それで私も、素晴らしい幼児教育をしていると思った。籠池さんから「将来、小学校もやりたい」と聞きました。それは立派なことだと思い、関西の2～3人の方を紹介しました。私自身も、1万円か5000円か、金額は忘れましたけど、浄財をお渡しした。それは、人にものをお願いするのに、自分が出さないわけにはいきませんからね。応援ということでお渡しした。これは私の選挙区内のことではないから、（公選法）違反にはなりませんからね。

ところが翌年も、（紹介した相手のところに、寄付の）お願い状が来た。紹介先から「無礼じゃないか」と苦情の連絡があった。この1年間、お礼もあいさつも一言もない。なのに、振り込みのお願いだけが来る。私もすぐに籠池さんに電話した。「そういうことをすると、紹介した私の信用に関わる。すべてに共通することだから、気をつけてほしい」と伝えた。私は籠池さんを立派な教育者だと思っているので。その後、国有地がどうのこうのという話になったが、一市長として関与できることではない。

ああ、もう事務方から、時間切れの合図が来た。ここまでにさせて下さい。

相澤）ありがとうございました。またお電話させて頂くかもしれませんが、よろしくお願いします。

籠池－大阪府議をつないだ市長

この日、3月3日の夕方、改めてN府議から電話があった。

N府議「ごめん。けさ会見することになって」

相澤「聞きましたよ。この前お聞きした話は、もう出してもいいということですね」

N府議「そうそう。全部出してもらっていいから。でも報道を見ると、何か私が口利きをしたみたいに見えるんだけど」

相澤「うちはそんなことないと思うけど、確認しておきます。ところで、松浦市長との関係を改めて聞きたいんですが」

N府議「あのとき、松浦市長から電話があって、『よろしく』ということで、その後、先方からコンタクトがあって、『初めまして』という感じで（籠池理事長に）お会いした。『小学校ができる。でも審議会でいろいろあって』という話だった。私としては『審議会のことに口を挟めるか！』という空気感を出していたつもり。はっきりそうは言えないけどね。理事長もその空気を感じたと思うよ。その後、いっさい連絡がないから」

相澤「この前、松浦市長との関係について『ゴルフ仲間』とお聞きしたけど、どういう形で知り合いになったんですか？」

N府議「もう20数年前、私がまだサラリーマンのころ、ゴルフの試合に行ったら松浦さんがいた（N府議はアマの日本選手権で優勝したことがある）。その後一緒に食事をしたと思う。松浦さんは当時、府議会議員だったと思う」

相澤「山口県議会ですよね」

N府議「そうそう、県議会議員」
相澤「ゴルフ場はどこか覚えていますか？」
N府議「う〜ん、もううんと前のことだから、どこか忘れたなあ。下関市だったような気もするんだけど」
相澤「山口県ですか。山口はいいゴルフ場がいっぱいあるから」
N府議「そうだと思うけど、はっきり思い出せない」
相澤「松浦さんからけさ電話があって、いろいろ聞いたんですけど、朝だったから、まだNさんが会見をする前だから、Nさんの話はしていないんですよ。その後、電話をしても出ないし。市役所に電話しても『もう退庁した』と言うんですよ。でも、まだ4時過ぎだったんですよ？　Nさんからも、松浦さんにお電話して、相澤に連絡を取るように勧めてもらえませんか？　Nさんだったら出るかも」
N府議「わかった。電話しておくよ」

その後、N府議から携帯にメールが来た。

「松浦さん、出ないです。それと保護者の取材、無理との返事ありました」

これを受けて今度はこちらから電話した。

相澤「松浦さん、逃げてますね」

N府議「そうやろなあ。でも、別に悪いことしてないんやろ」
相澤「そうなんですよ。また連絡があったら、伝えてください。それと保護者の人ですけど、きのう籠池理事長に電話して『理事長に連絡があったら、取材を受けるように伝えてください』とお願いしたんですが」
N府議「いや、理事長に連絡できてないみたいよ。きょうも私の会見があったり、いろいろ動いているから、ビビったんじゃないの」
相澤「私から理事長にお願いして、取材を受けるように言ってもらいますよ。その保護者の方のお名前は？」
N府議「××さん」
相澤「××さんだけだと、他にもいるかもしれないけど」
N府議「いや、それだけでわかるんちゃう？　そんなに多くないし」

この時期、私は１日も休まず、朝から深夜まで取材していた（日中の中抜けはあるが）。取材チームの他のメンバーからの情報も少なく、いらだちが募っていた。

合い言葉は「取材は愛だ」

取材チームのＰＤたちが最も重視していたのは、籠池理事長の新たなインタビューだった。当時、自民党の鴻池祥肇参議院議員が、「籠池氏から紙包みを渡されそうになり、現金だと思って突き返した」などと証言していた。こうした話も踏まえ、改めて踏み込んで話を聞きたいというのだ。中でもUは強硬にそれを主張し、私学審議会の梶田会長のインタビューよりも優先すると訴えていた。

それはわかるのだが、私は2月26日に理事長の2度目の単独インタビューを撮ったばかりだ。すぐに3度目のインタビューというのもなかなか難しい。それを踏まえながら私は学園サイドと交渉を重ねていた。さらに、学園を支持している保護者達はどう考えているのか、学園側保護者にもインタビューをしたいというPDからの要請もあり、私はこれらの取材交渉を並行して進めていた。

そういう中、籠池理事長から反応があった。以下はそのことを取材チームに知らせるメール。長文の上、言い回しが馬鹿丁寧で、いささか顰蹙を買ったかと思う。

【March 04, 2017 11:55 PM
Subject: 籠池理事長からお電話がございました】
取材チームの皆さま
BK司法クラブ・相澤です。
森友学園の籠池理事長からお電話がございました。
お願い申し上げておりました

「現在、子どもが園にいる現役の保護者のインタビュー」につきまして、

「そちらの方に出てもらう」とおっしゃって頂けました。

その上で「いつがいいのか?」とご下問がありましたので、

「できれば早い方が。月曜などいかがでしょうか?」とお願い致しました。

時間は日中の方が良いとのことでございました。

おそらく取材の実現に大きく前進したと思います。

一方で、もう一つお願い申し上げていた、
5日に予定の入学説明会のことは、一言もお話しになりませんでした。

これは、こちらから伺うのは失礼かと思い、重ねての質問は控えさせて頂きました。

関係の皆さまにおかれましても、理事長のご尊顔を曇らせるような行為のないよう、幼稚園、法人への直接取材などは控えて頂ければと思います。

理事長にお尋ねしたいことやお願い事がございましたら、
不肖、私の方でお取り次ぎさせて頂きます。

その上で、理事長には私から、
・私が山口に行って防府市の松浦市長と話をしたこと、
・N府議とも事前に会っていたこと、
・いずれも不正なことは何もないと話しており、
もともとN府議の話は書くつもりがなかったこと、

・それを読売が書いたために、ああいうことになったこと、
をお伝え致しました。
理事長におかれましては、「記者の仁義をわきまえない無礼者には、
一切取材に応じない」とのことでございました。
当然のご判断かと思います。
その上で、私の方から、
・山口に菜香亭という料亭があり、私が結婚披露宴を開いたところであること。
・大広間に維新の元勲が揮毫した書が多数飾られていること。
・懐かしくなって久しぶりに行ってみたら、新たに安倍晋三総理の揮毫した書を見つけたこと。
・その写真を撮ったのでお見せしたいこと。
・山口みやげ「豆子郎のういろう」を買ってきたのでお渡ししたいこと、
をお伝え致しました。

理事長は「賞味期限はいつまで？」とお尋ねになりましたので、

「1週間です」と、事実をありのままにお答え致しました。

1週間以内にお会い頂くことができるような雰囲気でございました。

そこですかさず、ずうずうしくも、「3回目のインタビュー」をお願い申し上げました。
・鴻池議員への反論をウェブサイト上で公開されていらっしゃいますが、それでは弱く、僭越ではございますが、テレビでのインタビューが効果的であろうかと。

理事長におかれましては、「顧問弁護士と相談した上で回答する」とのお言葉でございました。

皆さま方におかれましても、理事長のご厚意を頼みに、ご回答をお待ち下さい。

もちろん、顧問弁護士には、あす、私の方からもご連絡し、前向きのご回答を頂けますよう、誠意を尽くしてお願い申し上げるつもりです。

取材はいつでも「誠意」と「真心」ですので。

合い言葉は「取材は愛だ」です。

私は、朝鮮総連の幹部から「お前は本物の右翼だ」とお褒めの言葉を頂き、
カラオケで80年代歌謡曲と軍歌を歌い明かした仲ですので。

ちなみに軍歌は、初任地・山口で、警察の方に軍国酒場に連れて行かれて覚えたものです。

総連幹部との会合は、もちろん、本物の左翼記者、平井さんのご紹介で、
平井さんにご同席頂き、会食を楽しんだ先月末のできごとです。

この幹部の方からは「お前をピョンヤンに招待してやる」とのお言葉を賜りました。

すかさず「お土産もお願いします。キム・ジョンウン独占インタでいいです」とお願い申し上げましたところ、突然、弱気になられ、「俺、そんなに偉くないから」とご辞退されました。

「仕方ありませんね。よど号犯独占インタで勘弁しておきます」と申し上げました。

本当は「めぐみさん独占インタ」とお願い申し上げたかったのですが、
初対面の方に、それはあまりに失礼かと思い、自粛させて頂きました。

本件が片付きましたら、平井さん共々、北朝鮮出張を申請したいと思います（笑）。

よろしくお願い申し上げます。

翌3月5日、学園顧問のS弁護士から電話があり、理事長にお願いしていた在園生の保護者のインタは、3月7日に受ける方向で準備していることがわかった。弁護士の事務所に保護者を呼んで事前にレクチャーをした上で、弁護士立ち会いのもとでインタビューに応じるということだ。

S弁護士は「子どもたちの教育を受ける権利というものもある。その権利が阻害されている」と話していた。私は「子どもの権利が阻害されているというのは同感です。学校設立があいまいなままに置かれているのが一番よくありません」と答えた。実は、弁護士の言っていることと私の言っていることは微妙に視点が違うのだが、学園側が「自分たちと考えが同じだ」と思ってくれるように話しているのである。

一方で、籠池理事長本人のインタビューについては「安倍政権への批判と受けとめられかねないので、現時点ではお受けできない」という返答だった。「鴻池議員を批判しても政権批判にはなりませんよ。たとえ鴻池議員に問題があったとしても、政権の問題にはならないと思います」と伝えたが、「わかっていますけど、世間はそうはとりません。鴻池議員は麻生さんに近い人だし、政権批判と受けとめる人もいるでしょうから、やっぱり遠慮しておきます」と、判断は変わらなかった。

私はPDたちに、「番組前の3度目のインタビューは難しい。過去2回のインタを使うしかない」と伝えた。

これに対しUから相次いで2本のメールが来た。以下に内容を要約して紹介する。

【March 05, 2017 11:44 AM】

この番組は、新事実を提示するというより、今まで見えてきた不可解な経緯や判断を様々な証言などで可視化し、背景にどんな問題が潜んでいるのか、その輪郭を明らかにしようとする番組だと考えております。

その点で、今までの籠池理事長のインタビューは、あくまで彼のその時点での弁明であり、我々の取材ではっきりしてきた「不可解さ」に正面から応えるものにはなっていません。もちろん今までは、関係を築くために必要な取材であったと重々承知しているのですが、現在ある素材のみで、これだけ連日報道されている一連の疑惑について視聴者の疑問に応えられる番組になるとは思いません。

そこで、インタビューの交渉を再度行うのと同時に、インタビューが難しいのであれば文書での回答をお願いする必要があろうかと思います。鴻池議員の問題ばかりでなく、あまりに疑問が多すぎるからです。

もちろん過去2回のインタビューは大事な素材だと認識しております。その上でもう一歩、迫って頂く必要があろうかと思います。そうでなくては番組自体が立ち上げられないではないかとさえ危惧します。

あす月曜の夜に皆さんが集まる打ち合わせで、ぜひ今後どうやって学園にアプローチするべきか議論し、方針を共有させてください。

【March 05, 2017 12:00 PM】
先ほどの点で、もう一点。
学園の弁護士が立ち会い、内容を主導する形で保護者インタビューを撮影し、一方で、学園に向けられた数々の疑問には新たに一切答えてもらえないのでは、番組の立ち位置が相当に問われることになると思います。
保護者インタビューをちゃんと伝える代わりに、理事長にインタに応じてもらうという交渉は難しいでしょうか。保護者インタビューは、撮影したら絶対に使わねばならないものだと思います。ロケが火曜日だとすると、その前にその交渉が必要ではないでしょうか。

私はこの内容に文字通り激怒した。その理由は、私が取材チームに送った以下の2本の返信メールを読んで頂ければわかる。大変な長文だが一部を要約して再掲する。

【March 05, 2017 2:38 PM
Subject: 取材の最終目標と弁護士同席について】
取材チームの皆さま
BK司法クラブ・相澤です。

皆さまの取材も進み、一歩一歩真相に近づいていると実感します。そこでまず、この一連の取材で何を目指すのかを共有したいと思います。全体打ち合わせができればよいのですが、その時間がありませんので、取り急ぎ私の考えを申し述べます。

この問題の本質は森友学園ではありません。問題はやはり、

①国が、国有地を安値でたたき売ったこと。しかも分割払いで。

②大阪府が、経営基盤の定かでない小学校を、無理筋で認可しようとしたこと。

この2点にあるわけですが、それを追及する上で、欠かせない要素があります。それは「動機」です。どんな事件にも動機があります。

この事件、ロッキードやリクルートと比較する向きもあり、山本太郎議員は「アッキード」と命名しました。ネーミングとしてはおもしろいものの、本質は外していますね。そもそもロッキードやリクルートは巨大企業であり、大物政治家が利益供与する動機がありました。

でも森友学園は、幼稚園を一つ経営する学校法人にすぎません。利益供与して、それも、これだけの仕掛けで行政をゆがめたわけですが、それでいったい何の利益が得られるのか？　何の義理があるのか？　そこにこの問題の本質があり、そこがわからないと真相に行き着かないのです。

私が森友学園の理事長とお付き合いするのは、どんな人物でもそれなりに「一分の理」があるという、私の右翼思想のなせるわざです。彼は彼なりに「自分は正しい」と信じる考えがあります。その「理」を聞いているわけです。そして、あるがままに伝える。

ニュースを見ている人は「とんでもない」と思うわけですが、ご本人は「自分の言うことを正し

く伝えてもらった」と受けとめている。受けとめ方は人それぞれですので、お任せしているだけです。

保護者の取材に弁護士が同席しては、こちらの思うところや本音を聞き出せないという懸念の声がありました。若い方がそのように思ってしまうのは仕方ありませんが、実は、弁護士が同席した方が本音を聞けるのですよ。弁護士が横にいるというのが相手の安心感につながり、リラックスした気分にさせるのです。「何を言っても横に弁護士がいるから大丈夫」という安心感が本音を引き出すのです。本音をぽろっと言ってもらっているのです。

これは「取材は誠意と真心」という私の考えに基づきます。「弁護士がいると自分の聞きたいことを聞けない」というのは、取材者が自分自身を中心に置いた考え方です。

一方、私はいつも「相手はどう考えるか、どういう気持ちか」を考えます。

相手の立場に立つと、それでなくてもカメラの前で話をするというのは緊張しますし、幼稚園側の保護者は、一連の報道は「学園バッシング」だと思って、理事長への忠誠はみじんも揺らいでいないはずです。そういう人たちが、理事長自身に勧められたからといっても、必ず鎧を身につけているはずです。この鎧をまず脱いでもらわねば、本音に迫れません。

イソップ物語の「北風と太陽」を思い出して下さい。ここで相手を追及するような質問を繰り出せば、それは北風であり、相手はますます鎧を固めます。一方、まず相手の立場や考えを聞くような質問を繰り出せば、これは太陽です。相手は温かい気持ちになって、鎧を脱いでくれます。

まして学園の弁護士がそばにいるとなれば、「何を言っても大丈夫。弁護士さんが守ってくれる」

となるはずです。鎧の必要はありません。相手が鎧を脱いだところで、こちらの聞き出したい本当のことを、それと気取られぬように聞くのです。

最初は相手の言いたいであろうことを尋ねます。「こいつ、わかっているな」と思ってくれた頃合いを見計らって、本当に聞きたいことを尋ねます。すると本当のことをしゃべってくれるのです。そして、彼らの言いたいことをちゃんと報道すれば、それ以外の部分も放送しても何も文句はないのです。彼ら的には「よくやってくれた。あんたを信用する」となるのです。だから次回につながる。これが私の「誠意」です。

【March 05, 2017 3:24 PM
Subject: 理事長の3度目のインタビュー】

理事長の3度目のインタビューは、私はあきらめたわけではありません。当然、考えています。ただし、皆さん方とはやはり考え方が違います。

「番組を構成する上で欠かせないから、何が何でもほしい」

これはPDとしての本音ではありますが、自分中心の考えです。

一方、相手を中心に考えると、どうなるでしょうか?

「今は何を言っても政権批判と受けとめられるから、インタは受けない」という理屈は、安倍総理シンパの方々としては、道理が通っています。これを覆そうと「いや、是非に。何なら書面でも」という方法をとれば、相手は「こいつ、俺たちの立場をわかってくれているんじゃなかったのか」となって、関係を壊すだけです。そして、何も得られません。

それであきらめるのは並の取材者ですが、私はあきらめない。二の矢を考えています。

（二の矢の内容は省略。今後実施する可能性があるので）

これだけじゃない。いろんな手は使いますけど、いずれも「相手の立場に立つ」というスタンスは変えません。

この手法に納得できない方は、自分の方法でアプローチして頂いて結構です。私は「ほかの人間は手を出すな」などと囲い込みをするような人間ではありません。自分の取材に確信がある人間は、取材先を囲い込む必要がない。それぞれ思うところに従い、自由に取材すれば良いのです。

ただ、私と取材仁義の異なる方とは、なかなか一緒に仕事をするのは難しいというだけです。

なお、この方法をとろうとすると、当然インタの実現には時間がかかります。

それを番組に間に合わせようとするのは、私に言わせると本末転倒です。もし、理事長インタがなければ番組が成り立たないとするなら、理事長インタが実現するまで、番組を先延ばしすればいいのです。現実に番組を合わせるのではなく、自分の都合、番組の都合に、現実を合わせようとすると、「出家詐欺」※の二の舞になりますよ。今、ここで理事長インタを番組に間に合わせようとするのは、あの問題から何も学んでいない証左のように思えてなりません。

このメールと先ほどのメールを打つのに、新大阪‐東京間の時間をすべて費やしました。眠ることができませんでしたが、思いを共有するのに役に立つとすれば、無駄だったとは思いません。

※出家詐欺……「クローズアップ現代」が2014年（平成26年）5月14日放送の番組で取り上げた新手の詐欺。出家すれば戸籍の名前を変更できる仕組みを悪用し、多くの多重債務者を出家させて多額の住宅ローンを金融機関などからだまし取る。しかし番組に「やらせ」があるなどと指摘され、BPO（放送倫理・番組向上機構）の放送倫理検証委員会は「重大な放送倫理違反があった」とする意見書を発表した。これを踏まえNHKでは再発防止のため繰り返し勉強会が開かれた。

……後にUに聞いたところ、彼はこのメールを読んで深く感じ入り、反省して心を入れ替えたそうである。

不信感

これに先立つ3月4日。私は、もう一つの重要課題、私学審議会の梶田会長のインタビュー取材を実現すべくアプローチを試みた。まず携帯電話に電話をかけたが通じない。そこで「お電話でお話ししたい件があります」とメッセージを送ったところ、「日本時間今日午後6時半以降ならOKです!!」という返信が返ってきた。おそらく海外にいるのだろう。

梶田氏は忙しい人だ。今後もなかなかつかまらないと思われる。それなら、いっそ今夜かける電話でいきなり電話インタビューをお願いするのも手かもしれない。私はPD陣に電話インタの準備をお願いした。しかし結局、梶田会長は帰国後に時間をとれそうであるとわかり、電話でのインタビューはなくなった。
この時、PD陣が梶田会長に聞きたいと思っていたのは、以下のような内容である。
・2014年12月の定例の審議会。森友学園の財務状況への懸念と疑問が噴出している。当初、この申請内容にどんな印象を受けたか。
・各委員の質問に対する、大阪府の事務局の回答は充分合理的だったか。
・事務局が認可の答申を急いでいたという印象を受けたことはあるか。認可の答申を前提に国と森友の売買契約が進む算段になっているという趣旨の事務局発言をどう受け止めたか。
・会長の立場で「これは通さなければいけない案件」ということを何か感じとっていたのか。
・認可保留が認可適当に、1か月で変化した。その理由は何だったのか。何が解消されたために変化したのか。
・今の混乱を鑑みたとき、審議会は役割を果たしたと言えるか。
なかなか厳しい質問もあるが、梶田会長は私に好意的だ。時間の都合さえつけばインタビューに応じてくれるだろう。

翌5日。梶田会長は別件で滞在中の東京でなら会えると伝えてきてくれた。インタビューではなく、事前の情報取材だ。ここで、認可適当を出した時の状況をさらに詳しく聞くとともに、インタビュー取材の交渉をしなければならない。PD陣から、ぜひPDも1人その席に加えてほしいと要請があった。私は梶田会長にその旨お願いした。その返事について取材チームに知らせるメールにも、私の取材班メンバーへの不信感が綴られている。

【March 05, 2017 1:17 PM】

先ほど私学審議会の梶田会長からお電話がありました。「間違いなく東京に来るのか」という確認で、「もちろんです。今、新大阪で新幹線に乗るところです」とお答えしました。

先生は東京・北区で午後3時から公式行事に出席。4時半から5時の間ぐらいに終わり、その後すぐに会社が手配した車で羽田に向かう。時間がないから、お話は車の中でしましょうということでした。

私の方からは「一緒に取材しているディレクターも同乗させて頂いて構いませんか」とお願いし、快諾を得ました。

ところで、きのう、取材へのPDの同席を依頼された際、「ご本人から早めに私に連絡して下さい」とお伝えしたつもりでしたが、いまだに連絡がございません。どなたが同席されるのでしょうか？そもそも本当にいらっしゃるのでしょうか？

私は仁義にはうるさい方ですので、仁義違反に対しては厳しく対処してきました。先生に車への相乗りをお願いしたのに「実は来ませんでした」では話になりません。あと数時間しかありません。ご対応のほどよろしくお願い致します。

自分たちから「同席させてほしい」と言っておきながら、まったく連絡してこないとはどういうことか。このころ私は些細なことでイライラしていた。

この後、ＰＤ班からあわてて連絡があった。結局、同席するのはベテランＰＤのＵになった。私はすぐにイライラして怒りを爆発させるが、ことが過ぎればあっさり水に流す。彼と２人で梶田会長の車に箱乗りして話を聞いた後、Ｕは概略以下のようなメールを皆に送った。

【March 05, 2017 6:32 PM】

皆さま

先ほど羽田空港で相澤さんとともに梶田会長への取材を終えました。会長としての一連の審議過程、内容への問題意識や今後について話を伺い、大変示唆に富んだ時間でした。本日伺った内容は改めてメールにて共有させて頂きます。

お騒がせしました。相澤さん、ありがとうございました。

彼は、あの長文メールあたりから、私の考えを理解し始めてくれたようだ。ちなみに梶田会長は、台湾から帰国してずっと大阪府庁に電話しているのに誰も出ないことにやや立腹している様子だった。「文科省だったら、こういう事態になったら日曜でも必ず職員が出てきているのに」

と。関係者は誰もが皆心労がたまっていたのだろう。

「人を貶める報道」

3月7日、学園保護者のインタビューが、顧問のS弁護士の事務所で弁護士立ち会いのもとで実現した。その後、私は弁護士としばし立ち話をした。

「籠池理事長のインタビュー、何とかならないでしょうか?」

「14日までに大阪府に書類を出さなければならないので、それが終わったら考えられるんじゃないですかねえ。今夜、理事長と会うので相談してみます」

「カメラありのインタビューが無理なら、会って話すだけでもいいんです。せめて電話だけでもお願いします」

私は、籠池理事長への手土産として、数日前に山口に出張した際に購入したお菓子を弁護士に手渡し、一縷の望みをかけて、籠池理事長や弁護士からの電話を待った。だが交渉は難航した。

その日の夜遅く、理事長夫人の諄子さんの携帯からメッセージが届いた。

お土産をありがとうございました。
先般、履歴書を返してくださいといわれ断られました。
もういい加減人を貶める報道はやめた方がいいですよ。

これは私の解釈では、小学校の教員の職を「受ける」と言っていた教師が、一連の報道を見て「やっぱり辞める。履歴書を返して」と言い出したということだろう。だが、「人を貶める報道」というのは何だろう？　少なくとも、私が出してきたこれまでの報道内容には、諄子夫人も納得し評価してくれていたはずだ。私は真意を尋ねるメッセージを送った。

再度の返信は、以下の通りだった。

わるいやつやとながされたらいいです 天が正しいと思われたら必ず成就します返事は迷惑です 寝ます

何か他の報道について書いているのか？　私もそういう報道をしていると勘違いしているのか？　わからなかった。

一方、学園顧問のS弁護士から、深夜1時すぎになって電話があった。

・大阪府から、補助金の算定額の国と府への報告の違いについて厳しく説明を求められている。補助金の詐欺とまで言われている。

・理事長の妻がカッカしていて、話にならない。私が顧問になる前に何があったのか、正直言ってわからない。

・きょうの保護者のインタビューも「こちらの思い通りの内容になってない」と、保護者のしきり役になっている女性が騒いでいる。私は「きょうのニュースでいきなりは無理でしょう。後日特集で使われるのでは」と話しているのだが、まったく理性的な話が通じない。

弁護士も憔悴している様子だ。これでは理事長のインタビューは難しい。

小学校の認可はどうなる？

番組の放送日が刻々と近づいてきた。制作スケジュールも追い込んでくる。

ＰＤからのメールによると、11日（土）13時から現場のＰＤ・記者が参加して1回目の試写。12日（日）11時から放送前日の試写。ここには番組の編集責任者が来る。そして13日（月）14時30分から放送当日の試写だ。

しかし私は11日の午前中、大阪にいなくてはならない用事があった。そこで11日の1編試写の時間を後ろにずらすことができないかお願いした。

その一方で、通常の裁判取材業務もこなさねばならない。3月14日には、そもそも事の発端となった情報開示訴訟の第1回口頭弁論がある。国はすでにすべての情報を公表してしまっているのだから、国が全面的に認めて裁判は終わるのかと思っていた。

ところが原告の弁護士が夜、電話をかけてきた。「国が争うと言ってきた」というのだ。詳しい理由は「追って主張する」としているそうだ。いやはや、全く不思議としかいいようがない。しかも国側の代理人は、元裁判官をはじめ総勢11人である。これら代理人も税金で仕事をしている。弁護士は当時自分のブログで「税金を無駄使いするな、という訴訟に、それに挑戦するかのように、11人の代理人。何なんでしょうか……」と書いている。

ともあれ、私は俄然、この裁判についてもやる気になった。司法記者クラブの後輩記者2人に、廷内撮影を裁判所に申請し、廷内スケッチも手配するよう伝えた。スケッチするのは、もちろん被告である国の代理人。どういう顔で法廷に臨むのか、ぜひスケッチしようというわけだ。場合によっては終了後、国の代理人に、裁判所を出たところでぶらさがりインタビューをするのも手かもしれない。もちろん答えずに逃げるだろうが、その様子を撮影すればそれでいいのだ。

小学校の認可はどうなるのか？　そちらもいよいよ動き始めた。3月8日、大阪府庁の担当記者が情報をつかんできた。府が私学審議会の開催日程の前倒しを検討中で、森友学園に求めている資料提出の期限が3月14日であることを踏まえ、15日か16日で調整中ということだ。

これを受けて私が私学審議会の梶田会長と電話で連絡をとったところ、手抜かりがあったことがわかった。この前日の7日、自由党の小沢一郎代表が大阪を訪れ、梶田会長や大阪府幹部と面会している。その場でこの話が出たというのだ。

梶田会長　「小沢氏から『早く結論を出すべきだ』と言われ、『15日、16日の前倒し開催を検討している』と伝えた。何よりも子どもたちの行き先を早く確保しなければということを最優先にしているということを伝えた。小沢氏から『その方向で頑張って下さい』と言われた」

相澤「では、緊急の臨時会でいっきに最終決定して会見するということですね」

会長「その通りです。ただ問題は、年度末で忙しい中、委員が開催の定足数を満たすだけ集まれるかということです」

相澤「定足数は何人？」

会長「はっきり知りませんが、いずれにせよこの時期に忙しい校長や学校経営者を集めるのは至難の業で、私学課に調整をお願いしています」

相澤「小学校で採用予定の教師がやめると報道されている問題は？」

会長「それも重大な問題。あの先生しか、小学校で長年勤務した経験がないのです。私学課に確認するよう求めています」

相澤「わかりましたら、すぐに連絡をお願いします」

数分後、再度、会長から電話があった。

会長「わかりました。私学課が森友学園側に問い合わせたところ、『この先生は当初は就任を承諾していたが、その後辞退した』という返事がメールで届いたそうです。実はこの先生は『統括教員』という位置づけで、小学校で37年間勤務した実績がありますが、この人以外に小学校経験があるのは一人だけ、それも1年間だけなので、事実上経験者はこの人だけなのです。今、辞退したという教員ご本人に連絡をとって確認するよう、私学課に急がせています」

「統括教員が辞退と森友学園が大阪府に報告。この人以外にベテラン小学校教員はいない」ということは、府庁で裏が取れれば書いていい情報だ。ここは府庁担当記者に託そう。

もはやはっきりと小学校の認可を見送る方向で、私学審議会と私学課は動いていた。だが事態は、我々の想定を超えて展開することになる。

認可申請取り下げで騒然

3月10日(金)。ある筋から私のもとに情報がもたらされた。

「森友学園が小学校の認可申請を取り下げた。もう認可はない」

驚愕の事実。あの籠池理事長がライフワークとして全精力を傾けていた小学校の開校をあきらめたと言うのか? もはや認可されることはないと踏んで、自ら申請を取り下げる道を選んだのか? いずれにせよ、これで審議会の結論を待つまでもなく、小学校が開校されないことが決まった。急いで裏を取って出稿しなければ。その裏も時を置かずに取れた。よし、出稿だ。こういう時、NHKではまず速報スーパー用に短い原稿を出す。

「森友学園が小学校の認可申請を自ら取り下げたことがわかりました。小学校は開校されないことになります」

即座に全国放送で速報スーパーが出た。特ダネである。しばらくして学園側が記者会見を行うと通告してきた。認可申請取り下げの会見だ。特ダネを出したすぐ後に、そのネタが正しいとわかる。記者にとってこれほど痛快なことはない。

その夜。Uからメールが届いた。


【March 10, 2017 9:42 PM】

相澤さん、連日の取材、お疲れ様です。

認可取り下げには驚きました・・・編集室も騒然な午後でした。

さて、一点。認可が取り下げられたことによって、「そもそもなぜ認可適当となったのか」が、より論点として問われる段階になったかと存じます。そこで、梶田会長のインタビューを改めて申し入れることは可能でしょうか。認可の取り下げでステージが変わったため、インタビューに応じてくれる可能性はないでしょうか。

相澤さん、お考えを聞かせてください。再発防止や認可行政のあり方まで議論が進めば、より意味のある番組になるかと考えております。


これはもっともだ。そして、Uが私の取材力を頼りにしながら、一方で私を多少恐れておずおずと意向を尋ねているのもわかる。事実、この日の深夜、私はまたも怒りを爆発させ、編集室に乗り込むのである。

この前日の9日、東京・渋谷のNHK放送センターでは、このクロ現の編集室が立ち上がっていた。on airまであと4日しかない。大勢のPDと編集担当者が一室に詰めかけ、複数の編集機を使って映像編集を進めていた。

10日、私は東京にいて、大阪で行われた学園の記者会見には出席できなかった。代わりに別の記者が出席し、私はその記者からの連絡を受けると、親しい記者仲間3人（といっても全員出世して、もう記者ではなくなっているが）と飲み会を楽しんでいた。そのさなかにある用事があって編集室に電話したところ、番組試写の日程が変わったことを知らされたのである。すでに一部で共有しているとのことだが、私は知らされていなかった。だが試写の日程は重要だ。それに合わせて取材予定を組まねば試写に参加できない。私が参加しないまま試写をするつもりだったのか？ これが怒りの1点。もう1点は、籠池理事長のインタビューが構成からまったく外されていることを知ったこと。私はこの時点でもギリギリ理事長インタビューの可能性を探っていた。なのになぜそれをまったく考慮しないのか？ 入るパターン、入らないパターン、2つのパターンを考えておくべきだろう。和やかな飲み会の場で私はいきなり怒りを爆発させて電話口で怒り出し、「今すぐそっちに行く」と言って電話を切った。仲間との会合はどっちらけだ。悪いことをしたが、その時は興奮しているから思いが及ばない。私はタクシーを拾い、すぐに渋谷のセンターに駆け付けた。

編集室に入るなり、Uをはじめ居合わせたPDたちを相手に再び怒りの説教攻撃。こんこんと言って聞かせた。のちのＵの言葉。

「もう相澤さんの凄さはわかっていましたから。おっしゃる通りで、えらく反省しました。アブない人だというのもわかりましたし」

綱渡りの取材

11日の朝、私はＰＤたちやほかの記者、デスクらとともに東京の編集室に詰めていた。そこに電話がかかってきた。籠池夫人からだ。電話に出るといきなり「相澤さんに裏切られた。信じられない」などなどとまくし立てる。でも、この間、何も放送を出していないし、裏切り者呼ばわりされる心当たりはない。

「ちょっと待ってくださいよ。この前、理事長のインタビューを放送したとき（2月27日のこと）、あなたは感謝していたじゃないですか。『相澤さんは信用できる』とおっしゃっていたじゃないですか。その後、何も事態は変わっていませんよ。なぜ裏切られたとおっしゃるんです？」

しかし何を言っても通じる気配がない。私も興奮して次第に声を荒らげ、夫人と怒鳴りあいの喧嘩の様相を呈してきた。周りのＰＤ・記者たちは固唾をのんで見守っている。というか、驚きあきれて何も言えないのか。

「とにかく先生（＝籠池理事長）に代わってくださいよ。いいから」

何度も押し問答の末、ようやく理事長に代わってくれた。理事長は極めて冷静だった。

「相澤さん、すまんねえ」

いきなり夫人の言動を謝罪してきた。私はここぞとばかりたたみかけた。インタビューをできるとしたら、ここでお願いするしかない。夫人が間に挟まるため理事長との連絡は極めて難しくなっている。今ここで説得するしかない。そして、説得はうまくいった。夫人がかけてきた怒りの電話を逆手にとって、うまくインタビューの約束を取り付けた。

以下、Uと私のメールの応酬。一部を要約している。

【March 11, 2017 10:20 AM】

相澤さま

昨晩は、遅くに編集室に顔を出していただきありがとうございました。番組の方向性や押さえるべきポイントを共有する有意義な時間でした。

さて、メールの件。番組に向けて個別にインタに応じてくれるとは！　こんなにありがたいことはありません。まだ分からないこと、本人に直接あてたいことが多くありますので大変助かります。また、私学審議会・梶田会長との交渉、引き続き宜しくお願いします。

取り急ぎ

【March 11, 2017 12:19 PM】

相澤です。

私学審議会の梶田会長と連絡が取れました。

あす12日午後2時以降なら対応可能だそうです。

2時に自宅に迎えに伺い、そのままBKでインタを撮ることにします。

場所は18階第2応接室を確保ずみです。

一方で、籠池理事長、顧問弁護士と連絡がとれません。

きょう対応してくれるのかどうかわからないままです。

このまま大阪にいても仕方ないので、いったん東京に向かいます。

いずれ、あすの2編試写の立ち会いは無理です。


【March 11, 2017 12:26 PM】

相澤さん
メール内容、了解しました。お疲れ様です。

籠池理事長のインタ、あす以降の対応の件も了解しました。

本日の試写ですが、いまから大阪を発つ相澤さんの到着時間に合わせて開始とするのが合理的かと存じます。午後4時過ぎになろうかと見立てております。

よろしくお願いします

【March 11, 2017 1:45 PM】

相澤です。

籠池理事長と再び連絡が取れました。

理事長も弁護士と連絡がつかないそうです。

それを待っていたらちがあかないので、とりあえず「あす12日午前10時、ＢＫで」ということで合意しました。

理事長の話では、今も幼稚園の周りは報道各社に囲まれており、理事長が外に出ると全社追いかけてくる状態だそうです。

当然、あすもＢＫまで追ってくると考えねばなりません。

混乱を避けるためには、理事長の車を地下1階の機材室前に誘導し、地下1階からエレベーターに乗って頂くしかないと思います。


森友学園側には以下のような内容の質問項目を送った。

＝＝＝＝＝＝＝＝＝＝＝＝＝＝＝＝＝＝＝＝＝＝＝＝＝＝＝＝＝＝
①小学校について、一度は府の審議会で「認可適当」とされたのに、様々な疑問が提示され、今回、認可申請の取り下げに至りました。
申請を自ら取り下げた理由と、一連の経緯をめぐる理事長のご見解、今のお気持ちをお聞かせ下さい。

(特に、最後に大阪府が現地調査に訪れた際のやりとりについて)

②安倍総理や昭恵夫人をはじめ、これまで理事長の教育方針に賛同してくれた政治家がいらっしゃいました。

そういう方々の支援の声を、どのように受けとめていましたか？

そして、今回の経緯について、こうした政治家の方々や支援してくれた人に対し、どういうお気持ちでいらっしゃいますか？

③鴻池議員は会見で、籠池理事長夫妻が紙に入ったものを持ってきて、すぐに現金だとわかったと話しています。

理事長のお立場では、実際はどうであったのか、お聞かせ下さい。

また、鴻池議員の秘書は、国有地の売却手続きなどについて籠池理事長から何度も相談を受けたと話しています。

理事長のお立場では、実際はどうであったのか、お聞かせ下さい。

④山口県防府市の松浦市長は、籠池理事長の教育方針に賛同し、小学校の地元となる豊中市のN府議に応援をお願いしたと話しています。

理事長と松浦市長がお知り合いになったきっかけは、どういう経緯でしょうか？

また、理事長から松浦市長には、どのようなお願いをされたのでしょうか？

⑤N府議は、籠池理事長から、「審議会で小学校が認可保留となったので、何とかしてほしい」と依頼されたと話しています。

それに対し、府議の立場で何もできないし、何もしていないが、審議会の日程については事務方に確認してお伝えしたと話しています。
理事長のお立場では、実際にはどのようなやりとりがあったのでしょうか?
⑥小学校の工事について、
同じ日付けの契約書が3種類あり、すべて金額が違います。
なぜ3種類あるのか、どの金額が正しいのか、
他の金額は何の金額なのか、お聞かせ下さい。
また、理事長は会見で、
国に補助金を返すべきだったとお話しされていますが、
返していなかったのは、どういう事情があったのでしょうか?

深夜の電話

準備万端整った。あとは大阪に戻り籠池理事長のインタビューに臨むだけ。きょう11日は怒濤の一日だった。少し疲れを癒したい。こういう時の私の癒しは酒である。知人と酒場で杯を傾けていると、電話がかかってきた。籠池理事長だ。でもこんな深夜に? すでに0時を回っている。嫌な予感がした。

電話の後、私は急いで取材チームのみんなにメールを送った。

【March 12, 2017 12:47 AM
Subject:（至急重要）理事長キャンセルです】
相澤です。
たった今、籠池理事長から電話があり、あすのインタビュー取材を「体調不良」を理由にキャンセルされました。
以下、やりとりです。
籠池）相澤さん。籠池です（暗い感じ）
相澤）先生。こんな遅い時間にどうされましたか？
籠池）ちょっとねぇ。体調が悪くて。
あすの取材、キャンセルさせて下さい（言いにくそう）
相澤）そうなんですか。それは心労が重なっていると思いますし、
あすはゆっくりお休み下さい。体調が最優先ですから。
（と言いながら矛盾するお願いを）
では、あさって月曜日の朝はいかがですか？　午前中とか。
籠池）それはねぇ（しばし沈黙）その時の様子で決めさせて下さい。
相澤）それはそうですね。その時の体調次第ということで。
またご連絡させて頂きます。
口調はいかにも話しにくそうで、体調不良は言い訳だと思います。

放送までのインタはちょっと難しいかと思いますが、ギリギリまで努力は続けます。

長年取材をしていれば、いろいろあります。

こちらは30年も記者をやってるんですから、このくらいのことはどうということはありません。
・・・と言うのはうそです。
結構こたえました。残念です。

でも、これで取材が終わったわけではない。

クロ現には間に合わなくても、私たちの取材はまだまだ続くのです。

理事長と私の信頼関係は切れてはいません。


ここに書かれているのはすべて本音だ。このドタキャンは痛い。痛すぎるが、取材は終わったわけではない。to be continued なのである。

放送前日、3月12日の夜、森友学園の顧問、S弁護士から電話があった。理事長がメンタルから来る体調不良というのは本当だという。深刻な夫婦げんかがあったとのこと。いずれにせよ「番組までにインタに応じるのは、まず無理でしょう」とのことだった。やはりそうか……

この日は大阪で私学審議会の梶田会長とN府議のインタビューを立て続けに行った。

《梶田会長のインタ内容》

・認可保留を決めた審議会で、事務方が、1か月後の臨時会開催を決めた。

・当時から疑問点はあったが、事務方が大丈夫だというので、認可適当になってしまった。こんな闇が隠れているとは思わなかった。大きな力が働いたとしか思えない。
・教育勅語を教えるのはよい。でも「安保法制ばんざい」はダメ。教育基本法違反。
・申請を取り下げなくても、認可はされなかっただろう。委員の先生方の共通認識。
《N府議のインタ内容》
・防府市長の紹介で会う約束をしたが、時間になっても現れない。
その後、用事ででかけた私を追ってきたので、出先の喫茶店で会った。
・パンフを見せ、小学校のことを熱く語っていた。「審議会で認可が出ていない」という話になって、これは政治家として何とかしてほしいと依頼していると感じた。
・何もできないが、むげにことわらず、私学課にきいてわかった次の開催日を伝えた。
・それ以後会っていない。何もしていないのに何かしたように思われ、心外だし迷惑している。

これに対しUからメールが来た。

【March 12, 2017 8:02 PM】
相澤さん
審議会長インタおよびN府議インタ、番組上も肝となる重要な取材を、本日はありがとうございました。

こちらも先ほど前日試写を終え、現在鋭意修正・検討中です。
おおまかに以下のような感想・課題がでました。
・審議会会長を筆頭に、渦中にある人が実際にインタに応じるなど、よく取材している。連日の報道にもかかわらず新たな発見のある内容だった。取材の説得力でVや番組を語って欲しい。
・疑惑そのものには、まだ充分に答えられる番組になっていないのが実際なので、疑惑は疑惑で、分かってきたこと、まだ分からないことを明確に仕分けして提示して欲しい。

これからの作業は以下の通りです。
1）指摘された内容を反映させながら台本および全体構成をリライト↓22時過ぎまでかかるかと。
2）その後ＶＴＲを修正・編集↓深夜帯までの作業
3）明日午前10時〜　制作に関わった記者・ＰＤ・ＣＰ（チーフ・プロデューサー）で試写
↓その後コメントを中心に修正
4）明日14時〜　編責・キャスター当日試写

相澤さんには1）の作業に合流頂き、台本をベースにお気づきの点など聞かせて下さい。お疲れだと思います。少しでも車内で休めますように。

到着をお待ちしております。

すったもんだの末の番組放映

番組制作もいよいよ大詰め。幹部の前日試写を終えたら、その指摘を踏まえて修正作業に入る。私は大阪でのインタビュー取材のため、午後5時半から行われたこの試写には間に合わず、渋谷・放送センターの編集室に着いた午後9時過ぎから作業に合流した。ここでまたまた、私の最後の怒りが炸裂した。

「なんだ、この編集は！　梶田会長のインタビューを切り刻んでいるじゃないか!!」

きょうの午後、撮ったばかりの私学審議会梶田会長のインタビューはそのまま回線をつないでスルーで東京に送られ、編集して試写に間に合わせてあった。それはいいのだが、インタビューの流れを無視して都合のいいところを切り出してつなぐ編集が行われていたのである。これは、編集されたVTRだけを見ている人、つまり試写に参加した幹部たちにはわからないが、私は自分が話を聞いているのだからすぐにわかる。私はインタビューで、会長の話をうまく引き出すために質問も工夫しており、質問と答えを両方使えばちゃんと意図は伝わるようになっていた。意図してそうしたのである。ところがこの編集はそこを理解せず、質問はまるで使わず、答えだけを、前後の脈絡を無視して都合良くつないでいる。こういう編集は、事実上、インタビューに答えてくれた人の回答をねじ曲げることになり、取材先に対して失礼であるだけにとどまらず、視聴者を結果的に騙すことになりかねない。この編集を担当したPDはUではなく別人だったが、私の怒りの指摘はPD陣にも理解されたようだ。彼らは誤りを認め、会長のインタビューは全面的に差し替えることになった。

こうして徹夜の編集作業でようやくVTRとコメントが完成。3月13日午後10時、番組は無事放送された。スタジオ出演した記者は、番組の最後に、私が当初掲げた2つの疑問点を挙げて「疑問はまだ解明されていない。引き続き取材する」と宣言。「取材で解明できなかったこと」をあえて掲げて継続取材を宣言するという、NHKの番組としては極めて異例の形となった。これは私と取材チームの「解明できるまで取材して番組の続編を制作するぞ」という決意表明でもあった。

番組終了直後の夜と、翌日の昼、私はチーム全員にメールを送った。

【March 13, 2017 11:21 PM
Subject: 業務打ち合わせ】

取材班の皆さま
お疲れ様でした。
特に平井さん（=真性左翼記者）。あなたも東京に来られたら良かったんだけど、大阪に戻ってから、あすの夜、綿密なる業務打ち合わせをしましょう。
いずれにせよ、番組でN記者が宣言した通り、謎はまだ解明されていません。
ロッキードは、立花隆という一人のジャーナリストが発端だった。

リクルートは、朝日新聞川崎支局という出先の支局が発端だった。
森友学園は、NHK大阪報道部が発端だったと言われるかもしれません。
私が新人時代に愛読した「こちら大阪社会部」の夢が実現するかも。
少なくとも私は「自分は大阪社会部なんだ」という思いで取材しています。
夢の実現に向け、本日もこれからT統括公認で、
綿密なる業務打ち合わせを実施します。
###

【March 14, 2017 12:38 PM】
相澤です。
●私学審議会の梶田会長から先ほど電話がありました。
きのうの放送内容には大変ご満足で、「良かった」とおっしゃって頂きました。
森友学園側から反応はありません。
おそらくそれどころではない。番組を見ていないのでしょう。
籠池理事長には、私の真心を込めたメールをお送りしました。
その返信があることを期待しているところです。
●ところで私、さっそくやらかしました。けさ起きたら9時でした。
10時に大阪にいなければならないというのに。

すぐに各方面にカバーをお願いし、皆さまにご迷惑をかける結果となりました。

なぜこんな事態になったかと言いますと、業務打ち合わせに熱中するあまり、Nデスクらとお別れしたあとも一人で打ち合わせをしたからです。

場所は、知る人ぞ知る「ストロベリーフィールズ」。通称「ストフィー」です。

東急ハンズの道路を挟んですぐ北側のビル2階。

20世紀末に存在した「社会部ロック隊」のたまり場です。

午前2時でしたが、誰かいるだろうと思って行くと、案の定、Aがいました。

奴も、何も言わなくてもわかっています。

すぐに「The WHO」をリクエストしてくれました。

私は迷わずボトルを入れました。

もちろん私自身が通えるわけはないのですが、昔お世話になったお店に営業を続けてほしいという願いを込めての「お布施」です。

置いてあっても流れるだけなので、どうぞ、お好きな方はどなたでも店に行って飲んじゃって下さい。
●Uさん。
あなたと色々やりあって、わたしはあなたが気に入りました。

続編をするときは、ぜひ一緒にやりましょう。

Nスペの提案がすぐに書けるように、情報をウォッチしておいて下さい。

番組化の際は、ＢＫ報番の皆さんも、よろしくお願いします。

これに続き、東京の報道局社会番組部の担当者からチーム全員にメールが届いた。


【March 14, 2017 2:54 PM】

皆様、昨夜はクロ現本当にお疲れ様でした。

いろいろとデリケートなネタで取材現場のご苦労も多かったかと思いますが、ＮＨＫの取材力を示す冷静かつ深い企画になったかと思います。

放送直後から様々な反響が寄せられていますが、高い評価のものが目立ちます。

以下、かなり熱い反応も寄せられていますのでご参考までに……。
>
今日はＮＨＫが国民に帰ってきた記念日です。

「クロ現」を見ましたが、かなり掘り下げて放送していました。

勇気を持って放送してくださり、ありがとうございました。

もうＮＨＫは死んだのかと、諦めかけていました。

しかし、ＮＨＫも本心では放送したかったのですね。

多くの有識者が今の日本は戦争前夜の匂いがすると言っています。

二度と戦争へ突き進んだ同じ過ちを犯してはならないのです。

そのためには、メディアが政権を批判する当たり前のスタンスを取り戻す必要があります。

上からの圧力があるかと思いますが、私たち国民はあなたたちの味方です。

どうかどうか、政権の嘘に騙されている多くの人に、真実を伝えてください。

衷心よりお願いいたします。
>>>
視聴率は世帯7・4％でした。

22時台の視聴率としてはかなり良いです。

関心の高さを示したと思います。

とりいそぎ、お礼まで……。


この頃、NHKは攻めの報道をしていたと思う。私は2月3月と一日も休みなく、朝から深夜まで取材に飛び回っていたが、ちっとも疲れを感じなかった。やりがいのある仕事を思いっきりしている限り、過労とは感じないものだ。

この日の夜、私はPDのUにメールを送った。森友関連のある情報を伝えるメールだ。これは私のUに対する信頼の証である。彼も私を信頼してくれたと思う。彼とは取材制作の過程で何度も衝突したが、結局、互いに一目置く同志になった。男同士が本気のどつきあいのけんかをした後、互いに認め合って親友になる。少年漫画の世界は実在する。

第4章

注目を集めた籠池理事長夫妻の人物像

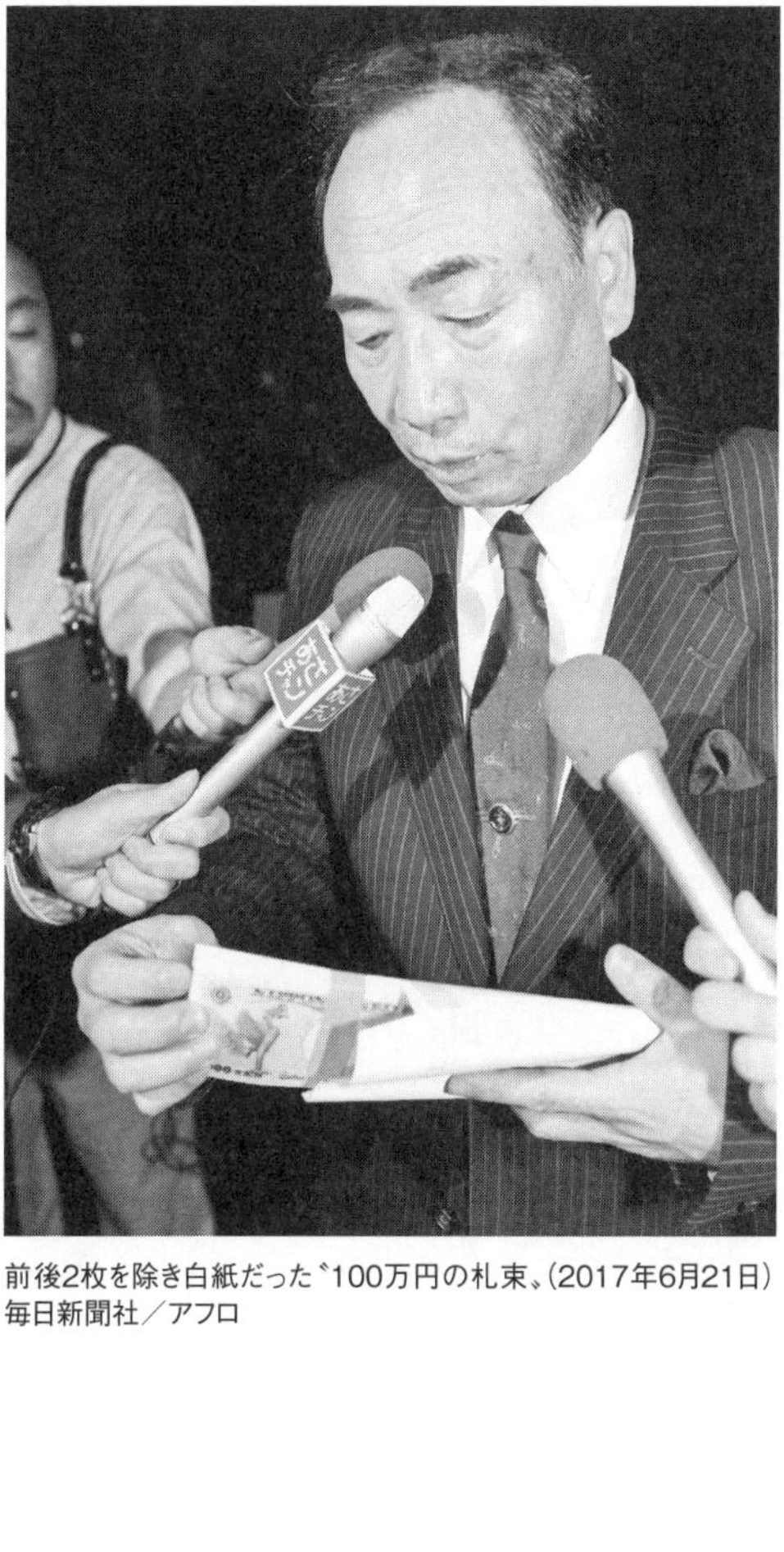

前後2枚を除き白紙だった〝100万円の札束〟(2017年6月21日)
毎日新聞社／アフロ

教育者であり教養人

独特の思想信条に基づく幼稚園での教育と、マスコミ相手の発言の数々。籠池理事長（当時）の人物像に注目が集まったのは当然だ。そして、諄子夫人もまた世間の関心を集めた。しかし、彼らについてはずいぶん誤解があるように感じる。

私は、籠池氏や諄子夫人と面会を重ねる中で、少しずつ距離を縮め、独自の単独インタビューも撮れるようになった。これは、私が彼らを興味本位で取り上げず、問題意識を持って誠実にお付き合いし、彼らとの約束を必ず守ったからだと思う。

初対面の時こそ、理事長の関心をひくために真性左翼平井記者と芝居をうったが、その時も決して嘘はつかなかった。私の初任地が山口で松陰先生を尊敬していること。明治維新のふるさと長州を誇りに思う山口県民の気持ちを理解し、自分もほぼ同化していること。安倍首相と会ったことはないが彼の地元の政界関係者を知っていること。すべて真実である。真性右翼と言っても、籠池氏と思想信条には違いがあるのだが、ある部分で彼の言っていることも理解できる。

世間の多くの人は、彼らを「特異な思想を持ち、奇抜な行動をとる人たち」だと捉えているようだ。だが私は、どんな人でも一分の理はあると思っている。籠池氏も、「安倍首相ばんざい」や「お漏らしした子のパンツをそのままカバンに入れた」などは行き過ぎだと思うが、教育勅語を暗唱させるのは、考え方次第だが、一つの信条としてはありなのかと思う。大阪府私学審議会の梶田会長も「教育勅語はありだが、安倍首相ばんざいはアウト」と言っている。思想信条は人それぞれ自由であり、日本国憲法で認められた権利だ。それだけをもって相手を否定することはできない。

幼稚園の保護者宛の文書に民族差別的な記載があって問題になったが、あれは籠池理事長が書いたものではない。私は籠池氏の考え方について、独特ではあるが、決して突拍子もないものではないと受け止めていた。その考えに立って、相手の立場を尊重しながらお付き合いをしたことが、信頼につながったと考えている。

では、私が考える籠池前理事長の真の姿とはどういうものか？　それは、自身の信念に基づく独自の教育理念があり、その実現に全精力を傾けてきた教育者。伝統的価値観を重んじ、古典などの典籍に通じた教養人である。

一例をあげよう。私は現在、所属している大阪日日新聞で「野分《のわき》」というコラムを連載している。この連載を始めるにあたり、新聞社の幹部から、漢字2文字でタイトルを考えるよう求められた。私はその日たまたま籠池氏と会う約束があり、籠池氏の自宅で彼に尋ねた。

「先生、私こんど新聞にコラムを連載するんですが、漢字2文字でタイトルを考えるよう求められています。何かいい言葉はありませんか?」

籠池氏は腕組みをしてしばらく考え込んでいたが、やがて顔をあげると私にこう言った。

「『野分』がいいでしょう。野分は秋の台風。季節の変わり目です。相澤さんは今、人生の分嶺に立っている（私は31年勤めたNHKを辞めて大阪日日新聞に移籍したばかりだった）。さらにこの名前には『世の中をかき回す』という意味もある」

見事だと思ったので、私はその日帰社するとこのタイトルを会社に伝え、それがそのまま連載タイトルになった。

もう一例。NHKは10数年前に、ニュース番組のリポートで籠池理事長（当時）を取り上げている。その主旨は、「園児と一緒にラグビーに熱中する熱血幼稚園長」というものだ。リポートに登場する籠池氏は、まさに熱血先生そのものである。

NHKはニュースで取り上げる際、取材対象に問題がないかどうか慎重に検討する。このリポートを制作した記者も、担当したMニュースデスクも、私はよく知っている。当時、大阪で同僚として仕事をしていたのである。Mデスクはその後、大阪放送局長を経て、森友事件発覚時は東京の報道局長だった。彼らが、おかしな人物をリポートで取り上げるとは思えない。その当時、真っ当な人だと考えたからこそ取り上げたに違いないのである。

もっとも私は、このリポートの存在に気づいた後、M報道局長に会った際、彼に「Mさん、籠池さんのリポート作ってますねえ。大丈夫ですか?」とからかった。リポートのことをすっかり忘れていたM報道局長は、「どんな内容だった？　問題なかったか？」と本気で気にしていた。このM報道局長は政治部出身で私の4年先輩。イケイケの熱血漢で、大阪放送局長の時もよく報道フロアに降りてきてはニュースを気にしていた。周囲からは揶揄する意味も込めて「青年将校」と呼ばれていた。でも、青年将校、いいではないか。私はM報道局長が好きだった。

偽の100万円の真相は

籠池氏は自分の信念に確信を持っているので態度が揺らぐことなく、終始一貫している。率直な人柄なので、普通ならためらいそうなこともあけっぴろげに話す。一方で、思い込みや勘違いをすることもあり、間違っていることをそうとは気づかず話すこともあるため、嘘をついていると誤解されやすい。だが私は、彼が意図的に嘘をついたことはさほどないように感じる。

籠池氏を巡っては、安倍総理大臣から受け取ったという現金100万円を返そうとして、2017年（平成29年）6月21日に昭恵夫人が経営する居酒屋を訪れた時のことが、よく指摘される。「安倍首相に返そうとした100万円の札束は、本物の札は両端の2枚だけで、中身はただの紙切れだった」という、例の件だ。取材に来ていたテレビカメラの前でわざわざ札束の中身を見せたため、全国に知られてしまい、「籠池氏は嘘つきだ」というイメージを強烈に植え付けた。

あの一件について籠池氏は次のように話す。

「あれは偽物だとは知らなかった。知っていたらわざわざテレビカメラの前で見せたりはしないでしょう。本物の100万円の札束も用意していたんです。だから本物だと思って見せたら偽物だった」

では、あの偽の札束は誰が用意したのか？　なぜ用意したのか？　取材で完全に裏が取れているわけではないので「誰が」は伏せるが、「なぜ」については事情を知るある人物が次のように説明している。

「当時は森友学園に検察の捜索が入った直後で、理事長自身もいつ逮捕されてもおかしくないと周囲は感じていた。逮捕されると所持品はすべて押収される。札束も押収される。それを恐れて、ある人（実際には実名で語っている）が念のため偽の札束を用意した。それを理事長に知らせないまま手渡したため、理事長は偽物と知らずにマスコミに見せてしまった」

これが真実であるかどうかは、まだ取材で確認できていない。だが、一定の真実味があるとは受け止めている。

森友事件の取材で頭がいっぱいだった私。ある日、行きつけのうえほんまちハイハイタウンの某店のカウンターで若手のA記者と飲んでいた時も、我々は森友事件のことを口にしていた。すると、隣に一人で座っていた女性がいきなり「あんたたち、今、森友って言った？　私、森友学園で働いていたのよ」と声をかけてきた。

えっ、森友学園で働いていた⁉

「それっていつ頃のことですか？」

「そうねえ、私が短大出て就職した時のことだから、かれこれ30年以上前ね」

「その頃、籠池さんはもう学園にいたんですか？」

「いたわよ。理事長の娘と結婚して」

この理事長とは、先代の森友寛理事長。諄子夫人の父だ。籠池氏は諄子夫人と結婚して森友学園に入り、先代森友理事長の没後に2代目理事長となった。

「その頃の森友学園はどんな雰囲気だったんですか？」

「おかしかったのよ。例えばね、（先代の）理事長が私たち（幼稚園の女性教諭）に『スカートをはけ』って言うのよ」

「え？　森友の幼稚園の先生たち、今はみんな『いもジャー（ダサいジャージ）』はいてますよ」

「そうでしょ！　普通そうよね。子どもたち相手にするんだから、その方が動きやすいに決まってるじゃない。なのに『スカートをはけ』って言うのよ。それと、『口紅はピンクにしろ』……」

「（苦笑）それってただの趣味でしょ。『子どもたちを相手にするんだから口紅はつけるな』と言うならまだしも、『口紅はピンク』って……」

「とにかくそんな調子で理事長が自分の趣味を押しつけるのよ。あれこれ細かい規則が多くて、ほんとに嫌だった。ふてくされて、よく給湯室でこっそりたばこ吸って気分転換してたわ。……あ、今のは内緒ね」

「内緒って、30年以上も前の話でしょ（苦笑）。もう学園を辞めてるし、関係ないじゃないですか」

「※あの幼稚園がとにかく嫌で嫌で。しかも私、ほかの先生たちからいじめられてたの」

「そりゃまた、どうして？」

「嫁（＝籠池氏の妻、諄子夫人のこと）に似ているからって」

「私、籠池夫人に会ったことありますけど、あまり似ていませんよ」

「私は会ったことないから知らないの。でも、ほかの先生たちが『似てる』って。それでいじめるの。耐えられなくて、2年で辞めたわ」

ここで私は質問を核心に移した。

「それで、籠池先生はどういう方だったんですか？」

「私、籠池には世話になったのよ。短大出て幼稚園の先生になろうとした時に、どこも雇ってくれなくて……私、楽譜が読めなくて、楽譜を見ながらオルガン弾くことができないのよ。音楽を聴きながらだったら弾けるんだけど、楽譜はダメ。でも、それじゃ、どこの幼稚園も雇ってくれないの。そんな時に、籠池が私の文書（作文なのか履歴書なのか判然とせず）を読んで、『いいじゃないか』と言って採用してくれたの。だから籠池には感謝してる……結局2年で辞めちゃったけどね」

※あの幼稚園……塚本幼稚園ではなく、すでに閉鎖された別の幼稚園。

ここで語られた内容も、真実なのかどうかは確認できていない。だが彼女がたまたま居合わせた私たちに嘘をつく理由はないし、その内容は具体的で真実味がある。ここで語られる籠池氏の人物像は、世間で流布している姿とは違うこともわかるだろう。

こういう証言をしてくれる人に巡り会ったのは偶然だ。でも、記者は偶然も実力のうちである。幸運な出会いをものにできるかどうかは、出会った後の会話次第だ。それはまさに、修業を重ねてきた記者の力量が試される場面だ。


籠池夫妻と一定の信頼関係を築くことができたと感じていた私だが、その状況に変化が現れる。2017年（平成29年）3月10日、学園が小学校の認可申請を取り下げた後からである。なぜ変化が生じたのか？　私には一つの推論があるが、ここではそれを紹介するのは差し控える。

はっきりしているのは、前章でご紹介したように11日の早朝、諄子夫人から突然「裏切られた！」という一方的な電話があったこと。その時も籠池理事長は冷静で、いったんは3度目のインタビューに応じると約束したが、その日の深夜に覆ったこと。その後、理事長と連絡が取れなくなったことである。何もなしにこのような変化が生じるわけがない。何かがあったのだが、それは推論以上のことはわからない。

こういう時、焦りは禁物だ。しばらく事態を静観し、じっくりと機会を見て、再度アプローチしなければならない。私は当分の間、籠池夫妻への接触を控えることにした。チャンスは必ずまた来ると信じて。

第5章

国有地問題から補助金詐欺へ
～焦点を移す検察の捜査～

森友学園運営の塚本幼稚園に家宅捜索に入る大阪地検特捜部係官（2017年6月20日）時事

水面下で進行する捜査

国有地の格安での売却は、国民の財産のたたき売りだ。近畿財務局の公務員は本来、国有地を少しでも高値で売るよう努力すべきなのに、8億円もの値引きで国に損害を与えたことにならないか？　これは刑法の背任罪にあたるのではないか？　そんな疑問を誰しも抱く。

問題が明らかになって以降、背任罪などでの刑事告発が続々と検察庁に提出された。告発されたのは、売却にあたった近畿財務局の当時の局長や担当者たち、それに上級官庁の財務省理財局の幹部、ごみの撤去費用の算定を行った国土交通省大阪航空局の担当者ら。後に発覚する公文書改ざんに関するものも含め、告発が受理された対象者は38人にのぼった。

告発を受理すれば、捜査機関は必ず捜査を行い、立件するかどうかの判断をしなければならない。告発を受けたのは大阪地検特捜部だ。東京地検に出された告発もすべて大阪に移送された。告発を受けて大阪特捜はすぐにも近畿財務局の捜索など強制捜査に乗り出すのではないか、との見立てもあったが、ことはそうは進まなかった。だが水面下で静かに捜査は進行していた。時がたつとともに、我々にも次第に捜査の動きが見えてきた。

私は当時、大阪司法記者クラブに所属するＮＨＫの記者３人のキャップで、いずれも20代の後輩記者２人とともに、裁判や検察庁など司法関連の取材全般を担当していた。彼らから見れば私はほぼ父親世代だ。２人のうちで年次が上のＨ記者（女性）が２番機[※]、一番年次が下のＦ記者（男性）が３番機になる。

※２番機とは、その分野の担当記者の中で年次が上から２番目という意味。旧軍で３機編隊の指揮官を１番機、後部左側序列２番目の機を２番機、後部右側の最も若輩の機を３番機と呼んだことに由来する。実は報道機関は軍隊用語が好き。例えば、
遊軍＝特に担当を定めず、その時の状況に応じて臨機応変に取材する記者。

兵站＝物資補給。最近ではロジと呼ぶことが多いが、これもロジスティクスという英語の軍隊用語の略称。

全舷＝支局の記者全員が休むこと。新聞用語で休刊日の前日に行われた。本来は旧海軍で軍艦の全乗組員が上陸することを指す用語。ＮＨＫはニュースを365日出すので全舷はない。最近はこの言葉を聞かないように思うが、ネット社会になったからか？


新聞社は４～５人の態勢で裁判と検察庁の担当を分けている（それぞれ英語の頭文字でＪ担、Ｐ担と呼ぶ）が、私は同時に両方の取材を経験した方がよいと考え、担当を分けずに３人とも裁

判も検察庁も取材した。ただ検察庁の中でどの部門の誰をどの記者が取材するかは、担当を決めないと取材がかぶることになるし、取材先も迷惑する。

大阪地検には6つの部があるが、取材という観点で見ると最も重要なのはやはり特捜部だ。ここについては若手2人に任せて、2人の間で取材先を割り振り、いい意味で競ってもらうことにした。花形の特捜取材は若手に力を振るってもらう。そして特ダネを取って、局内での評価を高め、希望通りの異動をしてもらいたい。若い彼らはこれから大きく成長していかねばならない記者だ。50代も半ばにさしかかっている私とは立場が違う。私が検察庁で取材するのはトップの検事正や次席、部長クラスにとどめ、むしろ裁判や弁護士会、大阪矯正管区（刑務所などを管轄する法務省の一部門）の取材に力を入れていた。

「ガサが来ました！」

森友事件の直前の2017年（平成29年）1月、大阪地検特捜部は一つの事件を手がけた。ある宗派の寺院がからむ事件で、特捜部はすでに寺院の住職と関係者を逮捕していた。そしてこの寺院にとどまらず、宗派本山の幹部を捜査対象にして、幹部が住職を務めていた寺院と附属幼稚園の捜索に乗り出すことがわかった。これはクラブの2番機H記者がつかんだ特ダネ情報だ。

これは面白くなる。3番機F記者を現地に派遣したところ、着手予定日前日に宗派幹部の単独インタビューに成功した。彼はこういう関係者取材が得意だ。

さらに着手当日。私が検察のある人物に探りを入れたところ、この日、逮捕レクがあることがわかった。これは、きょうはガサだけではなく、宗派幹部の逮捕までいくに違いない。映像取材も含め万全の態勢をとって、現地で特捜部の到着を待ち構えた。

現地にいるF記者から刻々と報告が入る。

「今、検事と事務官が来ました。寺の附属幼稚園の中に入りました」

「今、宗派幹部に話を聞いているのが、幼稚園の窓越しに見えます」

これは事情聴取を始めたということだろう。まもなくガサが始まる。そして宗派幹部は任意同行されて逮捕されるだろう。任意同行されたら、もう逃亡の恐れはない。それを待って、まずガサの事実を報じよう。わくわくして次の展開を待つ私。

そこに意表をつく次の報告が。

「検事と事務官が出てきました。宗派幹部は連れていません」

え、任意同行しないのか？　おかしいなあ。何か私が勘違いしているのだろうか？

その数分後、興奮したF記者からの報告。

「来ました！　ガサ車が大量に。続々と敷地に入っていきます」

やった、やはり着手だ。さあ、今度こそ任意同行するだろう。私は用意していたガサの予定稿に手を入れると同時に、検察幹部に通告することにした。彼らの元には当然、現地にＮＨＫの取材チームが来ているという報告が、現場の検事から届いているはずだ。こういう時、こちらからも「ニュースを出しますよ」と通告するものだ。

私は旧知の検察幹部に、ある方法で連絡した。

「身柄を引いたら（ニュースを）出すつもりです」

すると検察幹部から打ち返しの電話が来た。

「出すって？　なんて出すの？」

「さしあたり事実関係にとどめて、（ある罪名）容疑でガサと伝えます」

「逮捕ってやるの？」

「そこはこちらの判断次第で」

「逮捕ってやるの？　誤報になるよ」

いやいや、そんなことないでしょう、と思ったが、そうは言わなかった。

「こちらの責任で判断しますから」と、報じ方をあいまいにしたまま電話を終えた。逮捕するとは思っていたが、実際に逮捕されるまでは、そう伝えるつもりはなかった。

私は現地からの次の報告＝任意同行しました、という報告を待った。ところが、ガサは始まっているのに、いっこうに宗派幹部を連れていく気配がない。どうなってるんだ？　やはり私が何か勘違いしているのか？

その時、現地にいる3番機F記者から「焦ってしくじるとみっともないことになります」という、生意気ではあるが誠にもっともなメールが届いた。さらに、そもそもこのネタをつかんだ2番機H記者が重要なことを指摘した。

「私は逮捕とははっきり聞いていません。相澤さんにもそうお伝えしたはずです」

……そういえばそうだ。（ある罪名）容疑でガサとは聞いたが、逮捕とは聞いていない。逮捕というのは、私が「きょう逮捕レクがある」と聞いて、この件に違いないと考えただけだ。何かがおかしい。

そういえば、さっきの検察幹部の電話。「誤報になるよ」は、報じさせないためのブラフかと思ったが、よく考えるとそういうことを口にする人ではない。あれは真実か？　逮捕と伝えると誤報、つまり宗派幹部は逮捕しない。でも、逮捕レクがあるというのは？

ここで私は、はたと気がついた。すでに逮捕している寺の住職らがいる。逮捕は彼らの再逮捕のことだ。宗派幹部はまだ逮捕しないんだ。思い込みで勘違いをしていた。やれやれ、後輩たちの方がよほどしっかりしている。

当事者を逮捕しないのに、ガサだけ伝えるわけにはいかない。この日のガサの映像と単独インタビューは、この先、宗派幹部が逮捕された時の特ダネ映像として取っておくことにした。ところが意外や意外。あれだけ大がかりなガサをしながら、特捜部は結局、宗派幹部を逮捕しなかった。逮捕がないから、私たちが撮った特ダネ映像はすべてお蔵入りになった。こんなに悔しいことはない。でもなぜ？

真相はわからないが、次のような話を聞いた。この事件は、とある大物ヤメ検（検事を辞めた弁護士）が持ち込んだ案件で、そもそも上に捜査を伸ばす意図は特捜部にはなかった。宗派幹部に対する大がかりなガサは、経験の浅い検事や事務官に経験を積ませるための訓練のようなものだった……

上に伸ばして宗派幹部を逮捕してこそ事件は面白くなるのに、こんな事件のできない特捜部なんていらない！　苦労して特捜取材なんかしたって意味はない‼　私は後輩たちに宣言した。

その直後の森友事件勃発である。……前言撤回。過ちては改むるに憚ること勿れ。特捜取材は最重要課題になった。クラブ全員、総掛かりでやろう。全員と言っても3人だが。

ここでもっとも力を発揮したのは、当時、入局7年目だった2番機H記者である。彼女は前年（2016年）7月に初任地から大阪に異動し、司法担当になった。

着任早々、特捜部がある事件で某市役所にガサに入ったが、その日に被疑者の逮捕まで行くのかどうかがわからない。我々NHKの司法担当記者は、私も含め3人とも司法担当になったばかりで、何のツテもない。そんな状況でH記者は、山本真千子特捜部長から「その日の逮捕はない」という言質を取ってきた。初対面なのに。しかもその取り方、会話の転がし方が実に見事だったので、私と大阪報道部ナンバー2のT統括は「凄い奴が来た」と頼もしく感じたものである。

その後H記者がどのように取材を重ねたのかは知らないが、寺の事件の時には、検察の情報がある程度取れるようになっていた。本人は何も言わないが、何も言わなくても、人知れず相当な努力を重ねていたことがわかる。総掛かりでやるとは言っても、回り始めてすぐに情報が取れるほど検察取材は甘くない。森友事件も、検察情報は当面、2番機H記者頼みだ。

見事な特ダネ

2017年3月の背任罪での告発を受けて、報道各社の当面の最大の関心事は、関係者の事情聴取はいつなのか、そして近畿財務局のガサはあるのかどうかだった。

H記者はまず、森友学園が開校を目指していた小学校の建設業者や設計業者の事情聴取が始まったことをつかんできた。彼らは森友学園と近畿財務局の土地取引に深く関わっているし、値引きの根拠となった地中のごみの量の算出にも深く関わっている。背任罪を立件できるかどうかを判断するにあたり、重要な関係者だ。森友事件がこれだけ世間を騒がせているのだから、この話だけでも充分ニュースになる。

しかしH記者は、このネタをすぐにニュースにしようとはしなかった。情報をつかんだからといって、すぐに出すのは控えたいと言ってきた。関係者に迷惑がかかるおそれがあるからだ。記者は普通、特ダネ情報をつかめばすぐにでも出したがる。そうしないと、いつ他社に抜かれるかわからない。それだけに、「出さない」という判断ができるのは、ますます凄いことだ。

その後も取材を重ねたH記者は、いよいよ近畿財務局の職員に対する事情聴取も始まったことをつかんできた。これは本丸だ。関係者ではなく「被疑者」になりうる人たちである。事情聴取の持つ重みが違う。これは出したい。でも、H記者はここでも我慢を選んだ。もう少し待ちたい。デスクははやるし、私も「もう出した方がいい」と思ったが、最後は情報を取ってきた記者の意向を優先することにした。

そして5月の連休を迎えた。連休に入れば、この段階ではさすがに捜査の動きも止まるだろう。私は2月以降3か月間、一日も休んでいなかった。ここで少し休みを取らせてもらおう。連休初日の3日は泊まり勤務明けだ。4日以降は連休最終日の7日の九州出張まで何も予定がない。3日間は休めそうだ。そう思って休みに入った翌日の5日、こどもの日。早朝、電話で起こされた。

「毎日新聞に『森友事件で事情聴取』の記事が出ている」

メールで送られてきた記事を確認すると、「小学校の建設業者から特捜が事情聴取」という記事が出ている。これはH記者がとっくに確認済みの内容だ。しかも、より重要な「近畿財務局から聴取」には、まったく触れていない。捜査当局から情報を取ったのなら、一方だけわかって、もう一方がわからないということはないはずだ。これは、業者側から話を聞いたのだろう。そして連休中日のこの日に記事を出したということは、おそらく検察当局に裏取りや通告をしないまま出した可能性が高い。いささか「恥ずかしい記事」だ。

私とH記者、そしてT統括の3人が、大阪放送局11階の報道フロアに集まった。T統括は、私が全面的に信頼する本物の事件記者であり、私のことを信頼してくれる頼りがいのある上司だ。彼と私の意見は一致した。

「この記事が出たので各社とも後追い取材に走るだろう。そうすると、どこかの社が、財務局も聴取を受けているということに気づくおそれがある。もはや書くタイミングが来たと言うべきだろう。業者メインではなく『近畿財務局から聴取』という原稿を出そう。その中で、業者からも聴取していると一言触れれば良い。これで毎日の中途半端な記事を上書きしてやろう」

私とT統括の意見に、頑固者のH記者も納得した。H記者が書いた原稿は、この日の夜7時の全国ニュースを飾った。見事な特ダネだ。私の貴重な休みを奪った毎日の記者よ、思い知ったか！　この事件は背任事件だ。本筋は近畿財務局だ。そこを書かないでどうする？　私が常々「NHKの事件報道の水準は極めて高い」と言っているのは、こうしたところである。

その夜、私とH記者、T統括の3人は、私の行きつけの谷9のスタンディングバー「バタバタ」で祝杯をあげた。勝利の美酒はうまいものだ。H記者が言った。「最初に飛び降りたのがうちじゃなくて毎日でよかったです。特捜部長によると、毎日は部長にあててこなかったそうです」

この言葉の意味は、事情聴取がわかったからといって、はしたなくすぐに書かなくてよかったということである。その通りだ。そして、毎日新聞は特捜部長にあてずに記事を書いた。私に言わせれば、記者の仁義違反である。

2人が帰った後も、私が杯を重ねたことは言うまでもない。

翌日の朝刊を見ると、各社とも業者の聴取は書いているが、近畿財務局の聴取を追いかけてきたところはどこもない。してみると、各社とも業者からは情報が聞けたが、検察当局からは裏が取れなかったということだろう。つまり、どこもまともに検察当局を取材できていない。この勝負は勝てる。私はそう確信した。

しかし、その考えが甘かったことは、じきにわかる。

検察内部の東京VS.大阪

事件の本質は、なぜ学校は認可されるところだったか、なぜ国有地は格安で売られたか、に尽きる。国有地の格安売却は、財務省、近畿財務局の背任行為の疑いがある。その捜査が最重点であるべきだ。

ところがこの頃から、大阪府がしきりに、森友学園の補助金不正をめぐる情報を報道各社に流し始めた。大阪府が森友学園の幼稚園に交付していた2つの補助金、教員を確保するための補助金と、障害のある子どもを受け入れた場合の補助金に、教員や障害児の水増しなどの不正の疑いがあるという話だ。大阪市も同様に、市の補助金も不正に受け取っていた疑いがあると言い始めた。

なるほど、補助金不正はあったのかもしれない。しかし、それは国有地の格安売却とはまったく関係のない話だ。そもそも森友学園が多額の補助金を受けていることは大阪府も大阪市もとっくにわかっていたことで、その申請内容がおかしいとすれば、これまでまったく気づかなかったという方が不自然だ。なぜ今になって、このタイミングで、急に騒ぎ始めたのか？

私から言わせると、新たな詐欺事件に注目を集め、本筋の背任事件から世間の目をそらす狙いとしか思えなかった。大阪府も大阪市もトップは大阪維新の会。維新と安倍官邸が近いのは周知のこと。つまり、これは維新が国のためにナイスアシストをしている陽動作戦としか、私には思えなかった。

ところが検察の捜査は、当初こそ背任を意識していたものの、次第に詐欺優先に切り替わっていく。詐欺事件は、幼稚園の教員、保護者など、相当数にのぼる関係者の事情聴取が必要だ。特捜部だけでは足りず、各部署各方面から応援検事を呼んで、関係者の事情聴取を本格化させていった。

いくら本筋は背任だと思っていても、検察当局が詐欺の捜査に本腰を入れている以上、担当記者としてはそこを追わないわけにはいかない。事件の焦点は、いつ近畿財務局をガサするかではなく、いつ森友学園をガサするか、いつ籠池前理事長を逮捕するかに、すっかり変わってしまった。本筋をそらす狙いだと思っていても、それを追わざるを得ないのが、担当記者のツライところである。


5月から6月にかけて、私は、我々大阪の検察担当記者と東京社会部の検察担当記者の取材結果を俯瞰して、あることに気がついた。それは、検察当局内での大阪と東京の食い違いである。東京は、とにかく早く詐欺事件の捜査を進めさせたい。そして早く森友学園をガサし、早く籠池前理事長を逮捕させたい。そういう意向の情報が次々と伝わってくる。5月の時点ですでに「まもなくガサする」という情報が流れていた。

この頃、籠池前理事長は、それまでの安倍首相シンパ路線を一転させ、盛んにマスコミで首相批判の論陣を張るようになっていた。安倍首相に「切られた」ことを意識したからだろう。東京の検察当局（法務省、最高検）は、籠池氏を早く逮捕させて口封じをしたいのではないか？　そう受け止められてもおかしくない姿勢だった。

一方、大阪の検察はというと、現場の捜査の都合優先、必要な捜査が整わない限り着手はできないというスタンスを保ち続けた。極めて真っ当な判断だが、私には意外だった。東京と地方の意向が食い違うのはNHKでもよくある。そして常に、権限の集中している東京の意向が勝つ。検察もそうかと思っていたが、今回はどうもそうではなさそうだ。はっきりとしないが、大阪地検トップの検事正が体を張って現場を守り、東京からの圧力をかわしているのではないかという感触があった。

私たちは、東京社会部から「まもなく着手かも」「いよいよ着手かも」という情報が来るたびに、大阪で裏取り取材に動き、そのたびに「そんなことはない」「まだ時間がかかる」という感触を得て東京に伝えていた。そして現に、東京の検察当局の意向通りの早期着手はなかった。詐欺事件で事情を聴かねばならない関係者の人数は膨大だった。そう簡単に捜査は煮詰まらないというのが、我々大阪の担当記者の取材の感触だった。

特捜部長が激怒した

とはいえ6月に入ると、いよいよ「着手は近い」という感触に変わってきた。そしてついに、森友学園に対するガサの着手日は6月18日だということがわかった。この着手予定日は、国会の会期が終わる日だ。政治的配慮の臭いがした。さらに、この日は日曜日で幼稚園は休みだ。園児たちに配慮する意味もあると思われた。

わかったからといって、それをすべて報じたりはしない。ガサの日付けを明らかにするのは、捜索を受ける側に証拠隠滅の機会を与えることになりかねない。我々は前打ちはせず、映像取材も含め大がかりな取材態勢を組んで、その日に備えた。

ところが、着手予定日2日前の16日金曜日、とんでもないことが起きた。産経新聞の朝刊に「森友学園　近く強制捜査へ」という記事が出たのである。しかも本文の中で、着手日を18日と明記している。

おいおい、何てことをするんだ。せめて、もっとぼかして書けよ。ガサを受ける側に捜査情報を伝える結果になり、相手は準備万端整えることができる。捜査妨害もいいところだ。捜査批判は大いにすべきだが、捜査妨害は違う。記者の仁義も何もあったもんじゃない。自分たちの手柄を焦っただけだ。

産経の記者は、自分たちが特ダネ（と呼ぶに値しないが）を出せれば、後はどうなっても構わないのか？　私はこうした行為を「はしたない」と考える。産経新聞を支持する読者の方は、産経はこのように平気で検察の捜査妨害をする新聞だということを理解した上で購読してくださいね。

しかし、産経がこの記事を出せたということは、検察内部の誰かが産経に情報を漏らしたということだ。その人も厳重に反省すべきだろう。伝える相手を間違えると、こういうことになって、現場が迷惑する。どこから漏れたのか、私には一つの推測があるが、確実ではないのでそれを明かすのは控える。

いずれにせよ、こんなことをされて特捜部長は激怒するだろう。ガサの日付けをずらすと言い出しかねない。そんなことをされたら、こちらは一から態勢の組み直しだ。最悪なのは、日付けがずれるのかずれないのかわからないまま日曜日にも態勢を組み、結局は日付けを変更されてその日は何もなく、翌日も同じ態勢を取らされる、ということだ。

案の定、山本特捜部長は激怒した。そして案の定、ガサの日付けが変わるのか変わらないのかが、なかなかわからない。検察内部でも情報が伝わってこない。これは困った。困ったが、どうも変わりそうだという感触は伝わってきた。

はっきりしたのは土曜日。「あすの着手はない」という情報をつかんだ。ところが、では肝心の着手はいつになるのかの情報がない。常識的に考えれば翌月曜日だが、月曜だと幼稚園が開いているから、園児達への配慮をどうするか考えねばならない。1週間先延ばしもありうる。しかしそこがはっきりしない以上、月曜ありうべしで備えるしかない。とりあえず日曜日の態勢は解除し、月曜日に態勢を組み直すことになった。

そして迎えた6月19日月曜日。その日になっても、ガサがあるのかないのか、依然としてわからない。現場の検事にすら知らされていなかったようだと、後でわかる。

じりじりしながら一日が過ぎていく。各現場には記者とカメラクルーが大勢で張っている。彼らのために捜査情報をつかむのが我々の仕事だ。昼をだいぶ回った午後、ようやく情報がわかった。「やはりきょうだ。きょう夕方から着手する」

そんな遅い時間から？　でも間違いない。やれやれ、最悪の事態だ。と言うのは、私はだいぶ前から、この日に大阪高検トップの検事長とＮＨＫ大阪放送局長の懇親会をセッティングしていたのである。もちろん狙いは、局長をダシに自分たち担当記者も懇親の場に同席し、検事長と親しく話をすることだ。よりによってその日が着手日になってしまうとは。それもこれもすべては産経のせいだ。

ともかく、私はすぐに検察庁舎23階の検事長室へ走った。ふだんは事前のアポがないと会わない検事長に、緊急事態だからと会わせてもらって伝えた。「申し訳ありません。本日の懇親会を延期させてください。理由は……わかりますよね」

もちろん、わかるに決まっている。検事長は苦笑いしていた。延期されたこの懇親会は、結局その後実現することはなかった。

検事長と言えば、天皇陛下から直接認証を受ける「認証官」と呼ばれる名誉あるポストだ。中でも大阪高検検事長は、検事総長、東京高検検事長に次ぐ検察ナンバー3だ。そんな人との約束をドタキャンしちゃったよ。ほんとに産経め……我ながらしつこい。私はこういうことは根に持つタイプだ。

ドタバタの捜索現場

夕方、大阪地検の庁舎を捜査車両が次々に出ていく。着手だ。森友事件で初めて、検察が表舞台で動く。私は検察庁舎にいたが、もうここに用はない。大阪市淀川区にある森友学園（塚本幼稚園も併設）に向かった。学園前では大勢の報道陣でごった返す中、検察の係官たちが捜索に乗り込んでいく。それを背景に2番機H記者が中継リポートを行う。ドタバタの捜索現場。しかし検察当局内部でも相当なドタバタが展開していたことが後にわかる。

現場の検事らにガサ決行が知らされたのは、本当にギリギリのことだった。前日着手のつもりで用意してあったから何とか間に合ったが、それでもみんなが大慌てで準備に走った。そして現場に着いてもすんなり着手とはいかない。近くで待機し、捜査車両内で上の指示を待つが、なかなかゴーサインが出ない。この日、東京では国会閉会を受けた安倍首相の記者会見が行われていた。着手は、首相会見が終わるのとほぼ同じタイミングだった。これが偶然か、政治的配慮かはわからない。

しかも、森友学園本部ではそのまま捜索に入れたが、他の関連施設では、すでに職員が帰ってしまって、入るに入れないところもあった。籠池前理事長の自宅の捜索も着手が遅れた。そして、夕方というより夜に入ってからの着手だったため、捜索は深夜になっても終わらない。外で待機している取材陣もきついが、中で捜索にあたっている検事や事務官も疲労困憊だ。もちろん捜索を受ける側も、立ち会わねばならないからいい迷惑。理事長の自宅の捜索が終わったのが深夜2時。学園の捜索は結局朝方までかかった。すべてが異例づくしの捜索だった。

某検察関係者のつぶやき。「特捜部長はことあるごとに『保秘、保秘』と言うけど、現場に肝心の情報を伝えないじゃないか。現場を信用していないんだ」……やってられないよ、という実感のこもった言葉である。

ガサが終わると、次の最大の焦点は「籠池前理事長はいつ逮捕されるのか」だ。そもそも逮捕されるのか、在宅での任意捜査なのか、ということもある。さらには、逮捕されるとしてそれは籠池前理事長だけか、諄子夫人もか？　そして逮捕容疑は何か？　捜索は補助金適正化法違反と詐欺で行われた。これでいいのか、それともどちらか一方に切り替わるのか、だ。

これらはもちろん重要な取材項目だ。だが、忘れてはいけない。詐欺は森友事件の本筋ではない。本筋はあくまで国有地の値引き販売だ。近畿財務局と財務省官僚らの背任だ。

なぜ値引きが行われたのか？　その真相を追及するのは、先のクロ現で視聴者に誓った約束だ。私は検察の捜査の取材と並行して、本筋の取材を進めていた。

第6章

背任の実態に迫る 特ダネに報道局長激怒

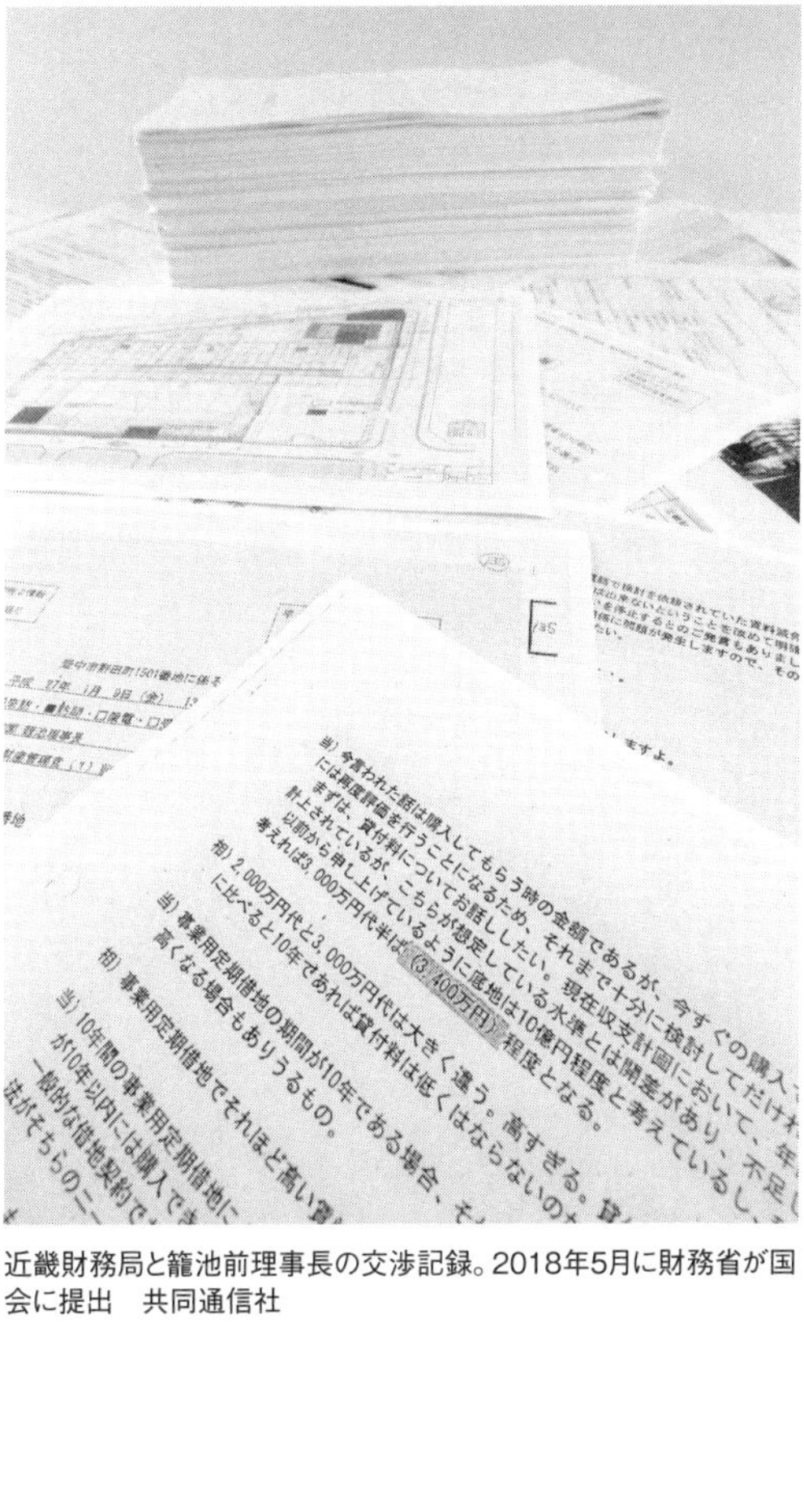

近畿財務局と籠池前理事長の交渉記録。2018年5月に財務省が国会に提出　共同通信社

東京から来たデスク

話は少しさかのぼる。森友事件勃発から1か月あまりがたった2017年（平成29年）3月半ば。クロ現の放送が終わった後、東京社会部からデスクと記者数人が大阪にやってきた。社会部はそれまでほとんど森友事件を取材していなかったから、番組にもほとんど絡めなかった。しかし問題がこれほど大きくなる中、このままではいけないと危機感を持つデスク・記者もいた。記者を率いてきたLデスクは、東京社会部で司法取材の経験が長い上、大阪でのデスク経験もあった。この事件の取材指揮にはうってつけというところだろう。

私は彼を前から知っている。私は以前、神戸放送局で兵庫県警の取材を担当していた。阪神・淡路大震災が起きた1995年（平成7年）、私は東京社会部に異動。その翌年に彼が新人記者として神戸局に配属された。入局年次で言うと私の9年後輩にあたる。神戸で重なってはいないが、こういう関係だと互いのことを知っている。

ちなみに、Lデスクと同期で同時に神戸に配属された新人記者が、森友事件当時、大阪の司法担当デスクだったYデスクだ。彼は神戸の後、大阪で司法担当をするが、その時、私は大阪府警キャップだった。その彼が10数年の時を経て私の直属上司ということになったわけだ。私があまりにも長く現場の記者をしているから、こういう巡り合わせが起きる。私は別に気にしないが、向こうは気にするだろう。

Lデスクの指揮下で社会部記者たちの取材が始まった。とは言っても、捜査の本筋の大阪地検は私たち大阪の担当記者が回るから、彼らは手をつけない。それが仁義だ。もう一方の本筋、森友学園も、私が籠池前理事長をはじめ学園関係者と良好な関係を築いていることを知っているから、そこも手を出さない。彼らのターゲットは、近畿財務局や国土交通省大阪航空局、森友学園の小学校の建設業者や設計業者など、国有地の格安売却に関わった当事者・関係者たちだ。

社会部記者たちの取材を現場で仕切る記者頭《がしら》はS記者。彼は初任地が徳島で、その時の徳島の担当デスクが私だった。新人でやってきていきなり私の部下とは、彼も運が悪い。人は極めていいのだが、不器用なところがあって、なかなか取材の成果があがらなかった。そんな彼を私はじっくり見守ることができず、徹底的にしごいた。毎回毎回、怒り、罵倒し、何度も取材をやり直させ、原稿を書き直させた。「今すぐ辞表を書け!」と迫り、実際に書かせたこともあった。とんでもない「かわいがり」ぶりだ。

それでも彼はくじけなかった。黙々と取材に当たり、着実に力をつけていった。それから13年。S記者は持ち前の誠実さと粘り強さで、立派な社会部記者に成長した。だからこそ、この局面で記者頭を任される。S記者は彼一流の粘り腰を発揮し、まったく足がかりがないところからいろんな情報を聞き出してきた。だが、本丸の近畿財務局は徹底した箝口令を敷いている。S記者の力をもってしても、普段からの人間関係がないところで決定的な情報を聞き出してくるのは極めて難しい。もっと若い他の記者たちはなおさらだ。

そのころ私は、森友学園側や大阪地検の取材に加え、長い記者経験で培った多方面の人間関係を生かして取材を進めていた。例えば問題の土地がある豊中市。偶然だが、私は大阪で司法担当をする前は、豊中市など大阪府北西部の地域取材担当だった。だから市長をはじめ市の幹部や地元国会議員・府議会議員・一部の市議会議員と面識がある。彼らは事情通だ。森友学園や問題の土地のことも何かと知っている。そして、以前から親しくしている私にそれを話してくれる。

さらに、安倍首相の選挙区がある山口県は、私の初任地だ。30年ほど前のことではあるが、いまだに親しくしている地元政界関係者がいて、いろいろな情報を流してくれる。ほんとに、NHKは私に森友事件の取材をさせるために担当や配属先を決めていたのではないか、と言いたくなるほどの絶妙さだ。

Lデスクは私のこの人脈を生かし、社会部取材チームとの連携によって決定的情報を得ようと考えたのだろう。この選択は実際、結果的に大きな成果を生んだが、同時に局内で大きな波紋を呼ぶことにもなる。

耳を疑う情報

3月のある日、Lデスクは、普段は裁判所内の大阪司法記者クラブにいる私を局内に呼んで語りかけてきた。

「相澤さん。相澤さんの力を見込んでお願いがあります。ここに森友事件で取材を進めたい内容をまとめました。これを何とか聞き出してきていただけませんか？」

A4の用紙何枚にもわたり、詳細な取材項目が書き出されていた。いくつか例示する。

・森友学園は、国有地の買い取りの意向を示すにあたって、購入希望額や支払い可能額を近畿財務局に示したのか？

・近畿財務局はこの土地について学園との間で定期借地契約を結んでいたのに、学園の買い取り意向を受けて見積もりを依頼するなど、すんなり売却に向けて動き出したのはなぜか？

・近畿財務局が、通常なら民間業者に依頼する売却額見積もりを、大阪航空局に依頼したのはなぜか？　航空局なら都合良く算定してくれるからではないのか？

・見積もり結果が出るまでの間に、近畿財務局と森友学園の間で金額をめぐる交渉などがあったのか？

・大阪航空局が、試掘もせずに推計で見積もりを出したのはなぜか？　恣意的に算定したのではないか？

・支払いが国有地としては異例の分割払いになったのはなぜか？　分割払いは財務局・学園どちらからの提案か？　近畿財務局はなぜ異例の分割払いに応じたのか？

・交渉の中で学園側が政治家等の名前や巨額の損害賠償請求をちらつかせたことはないか？

・交渉の中で近畿財務局や大阪航空局から、政治家等の名前を意識しているような発言はなかったか？

これはあくまで一部である。これらのことが少しでもわかれば、即、特ダネ原稿が書けるだろう。だが、手練れの社会部記者が総掛かりでやってもだめだったのだ。ハードルは高い。そうそう簡単に聞き出せるわけがない。

とは言え、書かれていることは確かに国有地格安売却の謎を解明するために必要なことばかりだ。

「わかりました。やってみましょう」

私はツテを頼って取材を始めた。


それから半月ほどたって、疑問の一つについて、ようやく具体的な情報が得られた。

「国有地の売却前に、近畿財務局は森友学園側との売却交渉の過程で、学園がめいっぱい出していくらまでなら出せるのかを聞き出している。そして実際にその金額以下で売っている」

耳を疑った。そんなことが本当にあるのか？　Lデスクが書き出した取材項目にあるように、私たちは、森友学園側が近畿財務局に買い取り希望額や支払い可能額を伝えて、その意向通りになるよう求めたということはありうると考えていた。そのために政治家や安倍昭恵名誉校長の名前を使ったり、巨額の損害賠償請求の可能性をにおわせたりして、近畿財務局を自分たちの意向に従わせようとした可能性はあるだろうと。ところが、実際には森友側ではなく、近畿財務局の方から支払い可能額を聞き出していたというのか！　そんなことを役所が率先してするなんて。しかも実際にその上限額に収まる範囲で売ったなんて、まさに背任行為そのものだ。信じられない、と言いたいが、情報源は堅い。

Lデスクもこの情報を聞いて色めき立った。これは背任行為があったことを強くうかがわせる決定的特ダネになる。だが、まだ情報の筋は1本だ。余りにも重大で信じがたい話だけに、いくら情報源が堅いといっても、この1本の筋だけで書くわけにはいかない。

「相澤さん。申し訳ありませんが、何とかほかの筋でも確認できませんか？」

Lデスクが遠慮がちに頼む。遠慮がちなのは私が彼の先輩だからであって、彼が求めていることは極めて困難ではあるが、デスクとして記者に求めて当然のことだ。私は取材を続行した。

局長を説得するまで待って欲しい

別の筋での情報確認は難航した。こんな話をしてくれる人がそうそういるわけがない。しかもその間にも、検察の捜査状況の取材や、森友関連で次々に明らかになる新事実の確認にも追われる。ようやく確認できたのは6月。最初の情報キャッチから2か月以上がたっていた。それでも、とにかく確認できた。私とLデスクはおおよそ以下のような原稿を書いた。

森友学園に国有地が大幅に値引きされて売却された問題で、近畿財務局が売却価格を決める前に、学園側に対し具体的な金額を示したり、学園の財務状況を聞き出したりしていたことが、関係者への取材でわかりました。学園側との間で事前に具体的な金額の協議は行っていないとする財務省の説明と食い違う形になっています。

大阪・豊中市の国有地について、近畿財務局は去年6月、地中のゴミの撤去費用などとして、およそ8億2000万円を土地の鑑定価格から値引き、1億3400万円を売却価格と決めて森友学園に提示し、その額で売り払いました。これに先立つ去年3月、財務局の担当者が売却価格に関して具体的な金額を示したり、学園の財務状況を聞き出したりしていたことが関係者への取材でわかりました。関係者によりますと、土地を購入したいと打診してきた学園側に対し、財務局の担当者は、およそ1億3200万円の国費を使って土壌改良工事が行われたことを理由に、それより高い価格でなければ売ることはできないと伝えたということです。さらに財務局の担当者は、学園が支払うことのできる金額の上限を確認したということで、学園側は当時の財務状況からおよそ1億6000万円と答えたということです。売却価格は、このおよそ2か月後に決まりましたが、結果的に、学園が示した上限と、財務局が示した下限の範囲内に収まり、双方が折り合える金額になっていました。国有財産の売却手続きでは、相手の意向に沿って価格が設定されたと疑念を持たれないよう、法令などに基づいて価格が決まる前に購入希望者との間で金額を話し合うことはありません。財務省の佐川理財局長は、国会の答弁で、学園と事前に具体的な金額の話し合いは行っておらず、売却価格は不動産鑑定に基づいて適正に決めたと繰り返し強調してきました。しかし今回、初めて明らかになった値引きに至る協議の内容は、これまでの財務省の説明と食い違うとともに、法令などに基づく国有財産の売却手続きに反している可能性があります。

さあ、これで出せるはず。Lデスクは上司である社会部長に報告した。ところが……

「相澤さん。すみません。部長に相談したんですが、今はまずいと。これだけの大ネタですから報道局長に報告しないといけませんが、まだ国会会期中なので、報道局長がうんと言うはずがないと。局長を説得するために、今少し待ってほしいということでした」

報道局長は4月の人事異動で交代した。私が慕うM報道局長は別のポストに転出し、代わって小池氏が昇格して報道局長になった。どちらも政治部出身者だが、小池報道局長は安倍官邸に近く、こんな政権にとって不都合なネタを歓迎するはずがないというのだ。

一方、社会部長のKは、年次が私の1年下。東京社会部で検察取材の第一人者として鳴らした敏腕記者だ。私は彼を昔からよく知っている。政権に忖度するような人物ではなく、何とかこのネタを出したいと思っているはずだ。そのK社会部長が言うのだから、ここで無理押ししてもネタをつぶされるだけなのだろう。我慢して待つしかない。私は、あとのことをK社会部長とLデスクに一任した。

ところが、国会の会期が終わるのを待っていたのは我々だけではなかった。第5章で書いたとおり、検察当局も待っていた。森友学園ガサである。こうなると、このネタを出している場合ではなくなってしまった。少し間を置く必要がある。

ガサが6月19日。しばらくは詐欺事件の続報を書かねばならない。「こんなの本筋じゃない。背任から世間の目をそらすための国策捜査だ」と思いつつも、担当記者としてやるべきことはやらねばならない。

7月に入った。さあ、そろそろ出せるかと思いきや、いっこうに出る気配がない。大阪から社会部に戻ったLデスクが電話で理由をいろいろと説明するが、要は報道局長の説得に手間取っている、タイミングが悪いということに尽きた。「ほんとに出せるのだろうか？」と疑念がわいてきた7月下旬、Lデスクが電話してきた。

「相澤さん。たびたび申し訳ありません。報道局長を説得するのが難しいらしくて。説得のために、何とか追加取材をお願いできないでしょうか？」

おいおい、またハードルが上がるの？　もう充分このネタを出せるだけの取材を重ねたじゃないの。たまんないなあ……でも、そんなことはLデスクもK社会部長も、もちろんわかっている。わかっているが、小池報道局長を説得する材料としてほしがっているのだ。仕方ない。やるか。

私はこの追加取材も終えた。さらに社会部からの要請で、原稿の中に「大阪地検特捜部もこの情報を把握して捜査している」という要素を付け足すことになった。もちろん特捜部はこの情報を把握しているのだが、元の原稿にその要素はなかった。私が聞いた説明では、小池報道局長を説得するのに、検察当局も把握している事実だということに触れる必要があるということだった。

これでこのネタは何とかニュースとして出せることになった。やれやれ。原稿の最終形は、おおむね以下の通りである。

大阪の学校法人「森友学園」に、国有地が8億円あまり値引きされて売却された問題で、去年3月に近畿財務局と学園側との間で売却価格をめぐって行われた協議の内容が初めて明らかになりました。関係者によりますと、財務局は学園側にいくらまでなら支払えるのか尋ね、学園側は、上限としておよそ1億6000万円という金額を提示していました。実際の売却価格は学園側の提示を下回る金額に設定されていて、大阪地検特捜部は詳しい経緯を調べています。

去年6月、近畿財務局は大阪・豊中市の国有地について、およそ9億5500万円だった鑑定価格から地中のゴミの撤去費用などとしておよそ8億2000万円を値引きして森友学園に売却しました。この売却価格をめぐって学園との間でどのような協議が行われたのか、これまで財務省や財務局は「記録を廃棄した」などとして説明してきませんでしたが、協議の詳しい内容が関係者への取材で初めて明らかになりました。森友学園の籠池前理事長は、去年3月11日に国から借りていた国有地で地中から新たなゴミが見つかったため、建設中の小学校の開校時期が遅れることを心配し、国有地の買い取りを希望したということです。関係者によりますと、同じ3月、籠池前理事長から交渉を一任された学園の当時の弁護士が財務局に対し土地の買い取りを初めて打診し、双方が具体的な金額を出して協議していたことがわかりました。この場で財務局の担当者は、いくらまでなら支払えるのか、購入できる金額の上限を尋ね、学園の弁護士は当時の財務状況をもとにおよそ1億6000万円と答えたということです。一方、財務局の担当者は、国有地の土壌改良工事で国がおよそ1億3200万円を負担する予定であることを理由に、これを上回る価格でなければ売れない、などと事情を説明したということです。その後、財務局はゴミの撤去費用の見積もりを、民間業者ではなく、国有地を管理している大阪航空局に依頼するという異例の対応を取り、値引き額はおよそ8億2000万円と決まりました。その結果、学園側への売却価格は1億3400万円となり、財務局と学園の双方が示した金額の範囲内に収まる形となりました。この問題をめぐって大阪地検特捜部は、近畿財務局が大幅な値引きによって国に損害を与えたとする市民グループからの背任容疑での告発を受理しています。特捜部は、財務局の担当者から任意で事情を聴いて、売却価格が決まった詳しいいきさつについて調べを進めています。近畿財務局と森友学園の協議の内容について、財務省はNHKの取材に対し「承知していない。事前に具体的な数字をもって金額の交渉をすることは考えられない」とコメントしています。

「あなたの将来はないと思え」

この原稿は、2017年(平成29年)7月26日の夜、ニュース7で放送された。ついに決定的特ダネを出したぞ。記者はネタを出してなんぼ。成果があがること、視聴者に自分のネタが伝わることが何よりの喜びだ。私とLデスクは、大阪と東京で互いに喜びあった。

ところがその日の夜、異変が起きた。小池報道局長が大阪のA報道部長の携帯に直接電話してきたのだ。私はその時、たまたま大阪報道部のフロアで部長と一緒にいたので、すぐ横でそれを見ていた。報道局長の声は、私にも聞こえるほどの大きさだ。「私は聞いてない」「なぜ出したんだ」という怒りの声。

聞いていないと言うけれど、社会部長が説明したはずだから、聞いていないはずはない。これは、社会部長がネタを通すため、うまい具合に重要性がわからないような説明をしたのだろう。それで「そんな重要な話だとは聞いていない」と怒っているのだろう。

電話はいったん切れても何度も繰り返しかかってくる。実はこのネタは大阪報道部を通さず、東京社会部から出したものだ。A報道部長は直接関知していない。しかしA部長は小池局長と同じ政治部出身で、しかも初任地が小池局長と同じ鳥取で、重なっている。小池局長にしてみれば、昔からの後輩で文句を言いやすい相手なのだろう。最後に電話を切ったA報道部長は、苦笑いしながら言った。

「あなたの将来はないと思え、と言われちゃいましたよ」

その瞬間、私は、それは私のことだ、と悟った。翌年6月の次の人事異動で、何かあるに違いない……。

このネタの続報が、翌日の朝用に準備されていた。だが、小池報道局長の怒りを受けて何度も書き直され、意味合いを弱められた。さらに、翌朝のニュース「おはよう日本」でのオーダーも、後ろの方に下げられた。
かくて、忖度報道が本格化していく。

第7章

籠池前理事長逮捕の舞台裏

大阪地検に出頭する籠池前理事長。この後逮捕された（2017年7月31日）時事

でたらめ記事

特ダネの放送当日、7月26日の朝。毎日新聞の朝刊に重要な記事が載っていた。「籠池氏　近く本格聴取　『森友』補助金不正容疑　大阪地検」

この時点で籠池前理事長の事情聴取はまだ行われていなかった。しかし詐欺事件で特捜部の捜査が進み、学園のガサまでした以上、籠池氏が近く聴取されることは間違いない。そういう意味では別に新しい情報ではないのだが、私のそれまでの経験では、新聞がこういう書き方をしてくる時は、通常、その日か翌日、本当に近々に聴取があるという確証をつかんだ上で出してくる。

特ダネの出稿準備は社会部に任せ、私と2番機H記者は情報の確認に走った。その結果、事情聴取は翌27日に行われることがわかった。諄子夫人も一緒だ。

毎日はこの情報をつかんで、ちゃんと裏付けをとった上で書いたのか？　それとも当てずっぽうで憶測記事を書いたのか？　そこのところは本当のところ、わからない。

ここで重要なのは、本当に事情聴取だけなのか？　ということだ。事情聴取が終われば自宅に帰すのか？　それとも、そのまま取り調べ↓逮捕と進むのか？　いったいどちらなのか？　そこも要確認だ。我々の取材では、この日は逮捕はせず、自宅に帰すということだった。

ところが翌27日の朝。読売新聞がこんな記事を書いてきた。

「籠池夫妻　逮捕へ　森友学園補助金不正疑い」との見出し。リードには「27日午後に出頭するよう要請した。補助金適正化法違反や詐欺の疑いで事情聴取し、容疑が固まれば逮捕する方針。」とある。おいおい、マジかよ。我々の情報と違うぞ。だが、我々の情報が間違っていることもありうる。こんな記事が出れば、確認しないわけにはいかない。早朝からデスクにたたき起こされた私とH記者は、改めて情報確認に動いた。その結果は……

「逮捕はない。言っただろ。読売は誤報だよ」

本当に人騒がせな。事情聴取が終われば、逮捕が近いとは誰でも思う。それがいつになるかを取材するのが担当記者だが、読売はその確証を持てないまま、「どうせ近く逮捕されるんだからいいや」とばかりに、飛ばし記事を書いたのだろう。記事をよく読むと、いつ逮捕かははっきりとは書かれていない。だから、その日逮捕がなくても「誤報じゃない」と言い逃れられる。だがこの記事を普通に読むと、誰もがきょう逮捕だと思う。何と無責任な。呆れる。

朝日新聞を除き、森友事件で新聞各社はでたらめ記事を連発した。その責任を取ってほしい。私の睡眠を返せ！　いや、その前に読者にお詫びすべきだろう。誤報やでたらめ記事がなぜ出たのかを検証し、読者に謝罪してほしい。

……絶対しないよな。私はよく知っている。新聞は時にでたらめを書く。だが絶対認めない。

私はよく知っている、31年間の経験で。自分の手柄を焦る、または他社に抜かれることを恐れる余り、トンデモ記事を出す記者がいることを。それは、記者という仕事に限りなき愛情と誇りを抱く私の基準では、記者と呼ぶに値しない。そして、こんな記事を認めるデスクも、また同じことをしてきたに違いない。こういうことがまかり通るから、大手マスコミへの読者視聴者の信頼が揺らいでしまうのだ。

籠池邸の男たち

籠池氏事情聴取の記事が出る前から、大阪府豊中市にある籠池氏の自宅前には、報道各社の記者・カメラマンが大勢詰めかけていた。狭い道路に面した閑静な住宅地は、一気に喧噪のちまたと化した。ご近所にとってはいい迷惑だ。だが、いざという時には我々もそこに加わるしかない。私はたくさんの菓子折を用意し、ご近所の方々にあいさつ回りをした。記者歴30余年の経験で学んだ礼儀だ。どうしても迷惑をかけてしまうことが明らかなら、苦情が出るより先に、前もってお詫びとお願いのごあいさつをしておくに限る。そうすれば、よほどのことがない限り、少なくともＮＨＫに苦情が来ることはない。事実、この騒動が終わるまで、ＮＨＫに苦情は来なかった。だが、私以外に同じことをした社はないようだ。少なくとも、ご近所からそういう話は出なかった。

5月の連休前、某社の記者が山本真千子特捜部長に聞いてきたそうだ。細かいやりとりまで覚えていないが、おおよそ以下のような感じ。

「私、連休、休んでもいいですか？」

「そんなこと、私に聞くことじゃないでしょう」

「もしもガサや事情聴取があったらどうしようと気が気じゃないんです。今も籠池邸の前には各社の記者が張っています。引けませんよ。私も交代で張っているんです。連休中も張ったほうがいいですか？　休んでもいいですか？」

「だから私に聞くことじゃないでしょう。ご自身の判断で決めたらいいんじゃないですか？」

「それがわからないから聞いているんです」

……延々これの繰り返し。記者として恥ずかしいやりとりだ。わからないから何とか感触を探りたいのはわかる。でも、それなら相手が答えやすいような聞き方をしなければ。この聞き方では到底、検察幹部は答えない。私たちはもちろん、連休中にそんな動きはないことがわかっていた。だから連休は休むことにした。籠池邸張り番にも、ＮＨＫは加わっていなかった。すでに書いたとおり、毎日新聞の余計な記事のせいで休みは吹き飛んだが。

　森友学園のガサが終わり、いよいよ籠池氏逮捕が近づいてきたとみられた時期、私には重要な取材テーマがあった。３月半ば以降、関係が途切れてしまった籠池前理事長と何とか接触を図り、信頼関係を取り戻すことだ。籠池氏が逮捕されてしまえば、もう会えない。何とかその前に接触を図り、できれば３回目の単独インタビューを撮りたいと、必死に方策を考えた。

当時、私に代わって籠池夫妻と最も厚い信頼関係を保っていたのは、著述家の菅野完氏だった。私はまず菅野氏と接触を試みた。兵庫県西宮市で開かれた森友事件についてのシンポジウムで、出席した菅野氏にあいさつした。だが、警戒されているのか、その先がなかなかうまくいかない。別の方策を探るべきだ。そのためには、まず現場に行かねば。

２０１７年（平成29年）６月。私は連日、他社の記者に交じって籠池邸の前に張った。初夏の暑さの中、蚊に刺されながら、ひたすら籠池邸の前で動きを待った。他社は検察の動きがあるのではないかと待っているが、私は違う。籠池邸の方に動きがあることを待っていたのである。

籠池邸では、一家の家族ではない男性２人が、ほぼ毎日出入りしていた。彼らは何者なんだろう？　私は知らなかった。だが籠池邸に出入りしているということは、中にいる籠池氏の今の様子を知っているはずだ。彼らに接触しよう。

そのうち一人が籠池邸から出てきた。私はすかさず近づいて、名刺を渡しながら話しかけた。

「すみません、ＮＨＫの相澤と申します。籠池先生のご関係の方ですか？」

「いや、私はお使いに来ただけだから、何もわかりません。失礼します」

かわされてしまった。お使いに来たなんて、嘘に決まっている。だが、これであきらめない。彼は繰り返し籠池邸に出入りしている。私はそのたびに近づいて話しかけた。とにかく何とか会話をつなごう。そうすればいつかきっと、何かを話してくれるようになる、そして信頼関係が芽生えると信じて。

後にわかるのだが、この男性は赤澤竜也氏。何冊も著作があるフリーライターだ。そしてこの頃、菅野氏と同じく森友事件を取材する過程で関係を深めていた。菅野氏は東京在住なので籠池邸に日参できないが、赤澤氏は大阪在住なので、籠池邸に日参していたのである。今では私と信頼関係で結ばれている。当時のことについて彼は次のように語る。

「他社の記者は、私たちが出入りしても何も話しかけてこないのに、白髪頭のおっさん記者だけが近づいてきて名刺を渡して話しかけてくる。何だ、このおっさん、と思いました。一目見て、アブない人だとわかりましたよ」

もちろん、これは褒め言葉だ。

もう一人、籠池邸に出入りしている男性は、朝夕に籠池氏の飼い犬を連れて、散歩をさせるのが日課だった。私はこの人にも話しかけたが、彼は赤澤氏以上にぶっきらぼうで、なかなかつけいる隙を与えない。だが、それであきらめる私ではない。記者は、私の教え子・社会部S記者のように、粘り強さが大切だ。粘り強さは、言い換えれば「しつこさ」だ。そして私は、しつこいのだ。しつこさは、一歩間違えるとストーカーになりかねない危うさがある。ストーカーと、いい意味のしつこさを分けるのは、相手の立場、気持ちを考えて重んじるかどうかである。

ひたすら話しかけ続けるうちに、さすがにこの人も、ある程度世間話に応じるようになった。それでようやく、彼が何者かがわかった。この人は横川圭希氏。彼が私に語ったところによると、もとはテレビ番組制作会社で働いていたが、東日本大震災で原発事故の番組を作ったのが大スポンサーの怒りを買い、クビになったという。それからはいろんな現場でビデオカメラを回しながら、活動家として動いている。菅野氏とは、彼のドキュメンタリーを撮ろうとして密着取材するうちに親交が深まり、籠池邸に滞在しているとのこと。彼は東京在住なのに、ご苦労なことだ。

個人的なプロフィールを聞き出せたというのは、かなり心をゆるしてくれた証だ。そろそろチャンスかもしれない。ある日、頃合いを見て、私は肝心の用件を切り出した。

「籠池先生は中にいらっしゃるんですよね。私、先生から以前は信頼を頂いていました。先生に『相澤が会いたがっている』と伝えていただけませんか?」

「それは無理だよ。菅野はあんたを籠池に会わせるなと言っている。だから会わせるわけにはいかない」

やはりそうか。だが、それがわかったのは一歩前進だ。彼の立場を考えれば、ここでしつこく食い下がるのはよくない。私はいったん引き下がることにした。

だが、それでもあきらめずにその後も話しかけてくる私を見て、彼も考えたようだ。ある日、私にこう言った。

「籠池に会うには、菅野を通すしかない。菅野を通すのが早道だ。俺は菅野に話してみる。あんたを籠池に会わせてもいいじゃないかと。だからあんたも菅野に話してみたらどうだい」

これは大きな前進だ。菅野氏の仲間が私の味方になってくれるということだ。おおいに力を得て、私は菅野氏に再び接触した。私の携帯電話には、ショートメッセージで彼と応酬したやりとりが残されている。7月2日のことだった。

7月2日22時1分
菅野さま。先日、西宮のシンポジウム会場でご挨拶させて頂いたＮＨＫの相澤です。今夜、籠池さんの自宅前で横川さんとお会いし、籠池さんにお伝えしたい内容をお話ししました。それについて横川さんに、「そういう話なら、まず菅野さんに話を伝えた方がいい」と助言して頂いたので、先日頂いた名刺のご連絡先にこうしてメッセージをお送りさせて頂くことにしました。長くなりますが、ぜひご一読下さい。一旦ここまでをお送りして、後で続きを送ります。
私は2月の情報公開訴訟の提訴で、この話を初めて知りました。その2日後には財務省が民進党に情報を提供し、国有地が8億円も値引きされていたことがわかりました。菅野さんには、はるかに出遅れていると思いますが、「なぜ国有地がこんな安値で売られたのだろう」という誰もが抱く疑問に答えを出すべく、取材を続けてきました。現在、検察の捜査が進行中で、マスコミの目は籠池さんの詐欺事件に集まっています。まさに国策捜査の思うツボです。私は、詐欺事件は詐欺事件として給料分の取材はしますが、本質的には、最初の疑問である「国有地廉売の謎」を解くことが最重要だと考えています。そうした中、その問題の本質に近づくことのできる、ある情報を入手しました（注・前章で書いた特ダネのこと）。真実であれば、近畿財務局がまさに背任行為をしたということになる話です。その裏付け取材を着実に積み重ね、もはや間違いはなく、ニュースに出せるところまでこぎつけました。
一方、私は取材で最も大切なのは信義を重んじることだと考えています。これは、私の記者としての振り出しが山口県であり、松陰神社をはじめ、維新の志士たちの気風に触れたことが大きいと思います。籠池さんと最初にインタビューでお会いした時に意気投合したのも、これがあったからだと思います。籠池さんからも「相澤くんは正しい報道をしてくれる」と認めて頂いていました。私は籠池さんに都合のいい話ばかりを報道したのではありません。逆に最初から「籠池さんに都合のいいことばかりを放送しませんよ」と正直に伝えた上で、籠池さんが最も訴えたい話もきちんと伝えるとお約束し、どちらもキチンと放送してきました。

ですから、ニュースを出すにあたり、当事者の一方である籠池さんに、きちんと事前にご説明したいと思ってご自宅に伺いました。このニュースは、世間の皆さんが忘れかけている森友学園問題の原点である国有地売却問題に世間の目を再び引きつけ、真の問題は森友学園ではなく財務局側にあることを広く知ってもらうことができます。

菅野さん。一度、お電話でお話しできませんでしょうか？　私の携帯番号は、

・・・・・・・・・

です。よろしくお願い致します。

この時のやりとりで、私は菅野氏の了解を取り付け、ようやく籠池前理事長と再びつながることができた。菅野氏の意向で、面会には赤澤氏が同席した。江坂（豊中市に隣接する大阪府吹田市の地名）のホテルで久しぶりに会った籠池氏は、3月までひんぱんにやりとりしていた時と同様、親しげで礼儀正しかった。「久しぶりやね」と気さくに話しかけてくれた。そして、3回目のインタビューに応じてくれることになった。

インタビュー前のやりとりで、籠池氏はある重大な新情報を述べた。まだ裏付け取材が終わっておらず、ニュースや記事として出していない話なので、ここで内容を明かすことはできない。それに、インタビューでそのことを聞いても、籠池氏は話してはくれなかった。カメラを止めて尋ねる私。

「先生、先ほどのお話は、カメラの前ではだめですか?」

「そうやね、ちょっとね」

まだ時期尚早のようだ。焦りは禁物。関係をもう少し煮詰めてから聞き直した方がいい。でも、その余裕はあるのか? 検察の捜査との競争だ。

面会とその後のインタビューに同席した赤澤氏は、終了後、やや興奮した面持ちで私に話しかけてきた。

「相澤さんの取材に感銘を受けました。私はまだまだ若輩者ですが、相澤さんを見習います」

なんだか自画自賛のようでみっともないが、この日のことをきっかけに、私と赤澤氏の関係はぐっと深まった。あきらめずに誠意を尽くして話しかけ続けたから、信頼関係を築けたのだと思う。以後、彼も、籠池夫妻と私の橋渡しをしてくれるようになる。

インタビューが終わって籠池氏と赤澤氏が帰った後、私は横川氏に携帯でショートメッセージを送って感謝の気持ちを伝えた。

横川さま。

ＮＨＫの相澤です。日曜日は貴重なご助言をありがとうございました。おかげさまで菅野氏につながり、籠池氏とお会いしてインタビューにも応じて頂けました。今後ともよろしくお願い致します。

さらに菅野氏にもお礼のメッセージを送った。

14時43分
菅野さん。ＮＨＫの相澤です。おとといは色々と手配頂き、ありがとうございます。インタビューの内容については、すでに赤澤さんからご連絡が届いていると思いますので、私からはインタビューの内容についての評価や、これを今後どのように生かしていくかについて、お伝えしたいと思います。またご連絡させて頂きます。

こういう時は、この機会を生かして関係強化を急いだ方がいい。そのためには直接会って話すのが一番だ。その日の夜、私は菅野氏に話を持ちかけた。

21時45分
菅野さん。ＮＨＫの相澤です。あす東京に行く用件があります。できましたら、直接お会いしてお話しができればと思っております。私は昼頃までには用件が終わる見込みです。ご都合をお聞かせ頂けましたら幸いです。どうぞよろしくお願い致します。

翌5日も重ねてアプローチのメッセージを送った。

7月5日14時25分
菅野さん。NHKの相澤です。東京での用件が先ほど終わりました。きょうはご都合とご意向はいかがでしょうか？　お会いできるのなら、東京のS記者も一緒がいいかと思い、連絡しましたが、別の取材中とのことでした。ご連絡をお待ち致します。

これに対し、菅野氏から丁重な返信が届いた。会話風に再構成すると、おおよそ以下のようなやりとりである。

菅野氏　「連絡が遅くなってすみません。本日ですと、夜遅くでないと体が空きません。原稿と格闘しておりまして、そして今から御社の別件インタビュー。大変申し訳ない。21時ぐらいにならないと空きそうにないです。本当にごめんなさい」

相澤　「とんでもありません。私が自分の都合でお願いしたことですから。次は7日夜に東京に来ます。その日が無理でも、また次の機会があると思いますので、よろしくお願い致します」

この時のやりとりで、私は菅野氏と良好な関係を結ぶことができつつあると受け止めていた。ところが、それは私の思い違いだった。菅野氏は私の弟子の社会部S記者のことを評価してくれたようで、それはありがたいのだが、今後窓口をS記者に一本化するよう求めてきたのである。当時のやりとりを会話風に再構成する。

相澤　「菅野さん。S記者に電話を頂いた（窓口一本化の話）とお聞きしました。菅野さんが今のメディアの取材状況に憤っていらっしゃるのはよくわかります。私はまだ菅野さんときちんとお話しできていないので、やはり一度お会いしたいと思います。その意図は籠池さんの映像を撮るとか、そういうことではなく、事件の本質について意見を交わすことです。菅野さんとは、それができると感じています」

菅野氏　「僕が憤っているのは、BKを含む在阪メディアの報道姿勢であって、『メディアの取材状況』ではありません。そして僕は『事件の本質』なんぞという話に興味はありません。『どれが本筋か』は、取材者によって人それぞれであるべきでしょう。ただ、在阪メディアの『人権概念のなさ』『仕事の進め方の荒さ』『前近代性』『提灯持ち』が気に入らないというだけの話です。ここ数か月、半分大阪・半分東京という生活をつづけて、『大阪にいるとその卑怯な仕事のやり方に染まる』怖さも知りました。よって、籠池本人はどうか知りませんし、彼の意見なんぞに興味はありません」

相澤　「おっしゃることはわかりますが、NHK大阪放送局も加担しているというご認識なら、私とはいささか認識が違います。我々の報道にも問題点はありますが、新聞や民放とは一線を画しています。そこを一度お話ししたいと思います。無理にこちらの言い分を聞いてほしいということではなく、相互理解の第一歩と思っています」

菅野氏「あのね、NHKはちがいますとか、NHK社内の東京と大阪の調整とか、籠池にも僕にも、そして『事件の本質』とやらにも何の関係もない話です。僕はSさんと議論を重ねてきて、Sさんのチームに籠池へのアプローチを打診しました。しかしそれが、御社のなかの『仁義』とやらに反したのでしょう。で、結果あなたが取材されることになりました。御社内の流儀という僕には関係のない話を、僕は1回飲んだんです。これが通らないのなら、次の取材陣に、NHKに入っていただかないってだけの話です」

このあたりから、私はかちんときて反撃に出る。

相澤「そもそも東京のメディアならいいというのが、私に言わせれば、やや言葉は過ぎるかもしれませんが、東京に拠点を置く方の思い上がりです。在阪マスコミの問題は私も強く感じるところですが、本質のところで東京のメディアも同じであり、東京ならという菅野さんの姿勢には疑問を持たざるを得ません。ですが、これも直接お話しをしていないが故の誤解があろうかと思いますので、お会いしたいとお伝えしております。最終的には菅野さんがお決めになることですので、そのご意向にお任せします」

菅野氏「だから次はこっちが意見を通す番だと言うてるだけの話です」

相澤「だからどうぞ意見を通して下さいと言っています。その上で、お会いしてお話ししませんかと申し上げています」

菅野氏「無駄です。仕事の進め方の問題で合意できてない人と、打ち合わせの必要はないでしょう。そもそもすり合わせするOSが違うんだから」

相澤「ですから、今はしょうがないと申し上げたわけです。東京の記者の取材で菅野さんの狙いがどこまで通じるのか見届けたいと思います」

菅野氏「僕の狙いなんかないですよ」

相澤「菅野さんはまだ私のいうことがわかってない。打ち合わせではなく『お話』ですよ。人と人が信義を尽くして語り合い、互いの考えや立場を理解するための一手段です」

菅野氏「それも無駄です。僕は、『人』とか『誠意』とか嫌いです」

相澤「菅野さんのご意見を尊重致します。その上で、私の考えもしつこくお伝えさせて下さい。いつかお会いできる日を楽しみにしてもおります。ちなみにS記者と私とは基本的に信頼関係で結ばれています。時々勘違いによる誤解が生じますが、間に立つしょうもないデスクの仕業であることがほとんどです。今後ともS記者をよろしくお願い致します。彼の判断ですることを私が止めようとは思いません」

これ以降、菅野氏から返信はなかった。こうして私は菅野氏と決裂し、籠池氏との結びつきも再び切れた。

こうなっては、しばらく冷却期間を置くしかないが、籠池氏の逮捕まで、いよいよ時間がなくなってきた。背に腹は替えられない。私は再び横川氏を頼ることにした。その結果、籠池氏と再び会えることになった。7月27日。奇しくも私の特ダネが出た翌日、籠池氏が特捜部の事情聴取を受ける、まさにその日の朝である。

私は朝6時半に籠池邸の前に向かった。前日の横川氏との電話で、6時半に待ち合わせたと認識していたからだ。籠池氏が特捜部に事情聴取を受ける前に会って話を聞こうという段取りだ。だが、30分待っても、籠池氏も横川氏も姿を現さない。私は以下のようなメッセージを送った。

相澤）横川さん。おはようございます。先程からご自宅の前で待機しています。ご連絡をお待ちします。NHKのクルーは私を含め4人です。

それでもやはり反応がないまま1時間がすぎた。私は前夜から寝る暇がなく、疲れがたまっていらだっていた。そして、しびれを切らした。切れた。以後の私と横川氏のやりとりを会話風に再構成する。

相澤「横川さん。どういう対応をするにせよ、何らかの形で返信はすべきです。このような失礼な態度は、籠池さんの教育方針にも反するはずです。私は誠意を持ってお付き合いしているつもりですので、このような扱いを受ける覚えはありません」

横川氏「どういう事でしょうか？」

相澤「さっきから電話しても出ないしメールにも反応がない。何がどうなっているのかわかりません。6時半からずっと待っていますよ」

横川氏「すいませんが、6時半から待ってください、というお約束でしょうか？　出る前と後の取材を菅野に交渉するのが僕の約束と理解してますが」

相澤「私は、6時半に来れば、間も無く連絡があると理解していました。これが勘違いだとしても、勘違いですよと一言連絡があって良さそうなものです」

横川氏「なんででしょうか？　僕はずっと相澤さんに対応する義務があるのですか？　僕には僕のやる事もあってここにいるので」

相澤「対応する義務というのは、誠意あるお付き合いが始まった時から生じているというのが私の理解です」

横川氏「僕は相澤さんの部下では無いです。昨日も寝てないのは相澤さんも同じでしょうが、寝てないからといって電話に出れるタイミングでは出てるはずです。それで、誠意が無いと言われるなら、基本的にその種類の誠意は持ってないです」

相澤「誰もそんなことは言っていません。それより、籠池さん本人の意思はどうなっているのですか？　本人の意向を無視していませんか？　これこそ人権侵害です」

横川氏　「本人が菅野と相談したいと言ってるので、相談してるのです。何が人権侵害ですか？　言葉に気をつけた方がいいかと」

相澤　「なら、そう伝えるべきだと言っているのです。ただそれだけです。私の主張を受け入れろと言っているわけではありません。横川さんもまだお若いから、取材の仁義をご存知ないのだと思います」

横川氏　「知らんです。何が仁義かは取材する側でやってください」

相澤　「私は記者として常に言葉に気をつかっています。人権侵害は菅野さんがこだわりを持っている言葉だと知っているから、敢えて使いました」

横川氏　「だからといってじゃあその言葉そのまま転送しても構わないという事ですか？」

相澤　「菅野さんに転送してほしくて送っています。私は、6時半に来て欲しいと横川さんに言われて来ています。そういう相手が待っていると知ったら、少なくとも『菅野さんと連絡を取っているから少し待ってほしい』と伝えるべきではありませんか？　横川さんが私の立場ならどう感じますか？」

横川氏　「僕はそんなこと言ってません。6時半頃に菅野に電話すると言っただけです。相澤さんの立場でも僕は突っ込みません」

相澤　「言いましたよ」

横川氏　「言ってません」

相澤　「言った言わないの水掛け論になりますが、少なくとも互いの間に行き違いが生じています。私の勘違いかもしれませんが、勘違いしているとわかったら連絡してほしかったと思います。何度もメールや電話をしているのになしのつぶてだと、どういうことかと思ってしまいます」

横川氏「勘違いともわかってません。相手の状況を勝手に読まないでください。はっきり言ってこの状態すら迷惑なんですけど。やる事があるんですよ。一応。僕も。社会に参加してるので。その感じで説得出来ると思うなら続けてください」

相澤「原点に立ち返ってお話しします。籠池さんは私に会いたくないとおっしゃっていますか？　籠池さんも諄子さんも私と話がしたいはずです。それを妨げるのは、彼らに対する人権侵害ではないですかと申し上げています」

横川氏「妨げてません。以上」

相澤「妨げてます。以上」

最後は子どものけんかのようなやりとりになってしまった。少し反省。気を取り直して、今度は菅野氏とやりとりをした。

相澤「菅野さん。おはようございます。いろいろ誤解が生じていると思います。私が籠池さんとお会いしようとするのは、籠池さん夫妻が私を信頼してくださり、私に訴えたい話があるからです。私の問題意識は国や大阪府がしでかしたことの真相究明にあります。そのために必要なことが最優先です。籠池さんとお会いするのも、その役に立つかもしれない、わずかなりと可能性があるならお会いしたいし、籠池さん夫妻の状況が権力とマスコミによる人権侵害だという菅野さんの認識もわかります。だから菅野さんが取り仕切らねばとお考えでしょうが、その際、当事者である籠池夫妻がどういう意向かというのも重視してください。昨日特ダネのニュースを出した後、電話でお話しした時には、会いたがっているように感じられました。私の勘違いかもしれませんが、当事者の意向をよく聞いてください。よろしくお願いします」

菅野氏　「相澤さんは私の話を一切理解しておられませんね。籠池と相澤さんの関係など私には知る由も無い話です。また知ったところでどうという話でもない。端的に私の申し上げてることは『仕事の進め方としてどうなの？』ということです。私は『窓口は一本化しよう』『社内調整の話は社内に留めて社外の人に言わないでおこう』『預かった資料は丁寧に扱おう』という、サラリーマン一年生の時に習った話を愚直に守り、御社にもそのようにお願いしてるだけの話です」

相澤　「菅野さんがおっしゃった社会人ルールは確かにその通りだと思います。あまり言い訳ばかりしても不毛なので、私の言いたいことを申し述べます。籠池夫妻が私と会うとおっしゃっており、会って害があるとも思えないなら、お会いさせて頂きたいということです。籠池さんは菅野さんを信頼して、誰と会うべきかの判断を委ねているようですから、お願いしております。会わせる必要がないと判断されるのならそれまでですが、私は籠池さんが私と会うことで籠池さんの利益になると考えています。菅野さん。メールでのやり取りは行き違いを生みやすいので、直接お電話でお話しさせて頂けませんか？　もしも菅野さんのご都合が悪いなら、機会を改めます。

よろしくお願い致します」

菅野氏「無理ですね。僕の窓口は、Sさん。Sさん経由で連絡します」

相澤「わかりました。その旨S記者に伝えておきます」

菅野氏「御社の規範などにこっちが取り合うことが心底バカらしいので横川から連絡させました。NHKぐらいですけどね、社内の都合の調整を社外の人間に頼むの。心底バカらしいので、こっちもアホみたいに対応します」

相澤「横川さんからご連絡を頂きました」

菅野氏「相澤さんは相澤さんですから、今日、最終的に、籠池に会うことを自分の熱意の勝利とか思うんでしょうが、そういうのが、正直、迷惑なんですよ。こっちは、仕事としてマトモなレベルに戻すために相手してるつもりなんで、自己総括をお間違えなきよう」

相澤「わかりました」

これで菅野氏とのやりとりは途切れた。だが、結果として私は籠池氏ともう一度会えた。籠池氏の自宅に他社の記者とともに招き入れられて、話をすること、オンカメでインタビューをすることができた。籠池氏は相変わらず、私に友好的だった。新たな情報も若干聞き出すことができた。結果として、これが逮捕前の籠池氏と会う最後の機会となった。

菅野氏がなぜこれほど私を、私だけを排除しようとしたのかは謎だ。彼が考える仕事の進め方と、私のやり方が違ったというのが大きいようだが、これも結局のところ、まだわかっていない。

そして、これだけ喧嘩腰のやりとりを続けたのに、なぜ菅野氏も横川氏も、最後は私を籠池氏と会わせてくれたのか？　根負けしたのか？　私の熱意の成果というのとは違うと菅野氏は釘を刺している。これもやはり謎だ。

「逮捕へ」の特ダネ

こうした激しいやりとりが行われたこの日、籠池夫妻は初めて事情聴取を受けるため、大阪地検特捜部に出向いた。周囲には大勢のマスコミ陣のほか、籠池氏を支持する人たちも集まっている。彼らが声援を送る中、夫人は車の窓を開けて拝むように手を合わせた。夫人は事前に「決して支持者に手を振ったりしてはいけない」と周囲の人たちから言われていたそうだが、手を合わせるだけならいいだろうと考えたそうだ。

数時間の後、聴取を終えた夫妻は地検の庁舎から再び車で出てきた。夫妻が自宅に戻った後、一部の報道機関が取材のため自宅に招き入れられた。この時、私も招き入れられて籠池氏と話ができたのは、先ほど触れたとおりである。

今回は逮捕されなかった。だが、次はどうだろう？　籠池氏は取材に「事情聴取では黙秘を貫いた」と語った。夫人は「担当検事は若くてかわいいのよ。いろいろおしゃべりしたけど、事件のことは黙秘」。これに対し検察当局は取材に「任意でいくら調べても意味はない。黙秘なら逮捕だ」。やはり次は逮捕だろう。では、次はいつになるのか？　この感触がうまくつかめなかった。わかったのはギリギリ、7月31日当日だ。

その日の午前中だったと思う。籠池夫妻2度目の事情聴取との情報が入った。午後2時すぎに出頭する予定だ。籠池氏の周辺者に確認する。

「きょう検察に呼ばれているんでしょ」

「私もさっき知りました。そのようです」

「逮捕はあると見ていますか?」

「弁護士はないだろうと言っているから大丈夫じゃないですか?」

のんきなことを言っている。今回はただの事情聴取では終わらない。取り調べ、そして逮捕となるだろう。だが、それを被疑者となる側に伝えるわけにはいかない。事前の情報で逮捕は推測できるが、「逮捕へ」と打つにはやはり裏取りが必要だ。出頭までもう時間がない。私は検察幹部のもとへ走った。

「きょう籠池夫妻を呼んでますよね。逮捕ですよね」

「私は何も言えませんから」

それはそうだ。幹部に直球を投げてもかわされるだけだ。だが私は一計を案じていた。

「うちはもう『逮捕へ』で出しますから。でも、出頭前にそれを出すのはまずいでしょ?」

「それは困る」

出頭前に出されると、被疑者が逃げる恐れがあるから困るのである。そこを理解した上で、

「そちらの都合としては、どの時点なら出しても大丈夫ですか?」

「庁舎に入った後なら……」

「籠池夫妻が庁舎に入った後なら『逮捕へ』と出してもいい？　調べ室まで行ってなくても？」

「そうですね。2人とも庁舎に入った後なら」

「地下1階の入り口から夫妻が庁舎に入るのを見届けたら、『逮捕へ』と出しますよ」

「それでいい。庁舎に入った後ならいい」

私は、「逮捕へ」と打つと宣告したことで、すぐに出されては夫妻が逃げてしまう恐れがあると考える検察幹部を、こちらのペースに巻き込んだのである。結果、「『逮捕へ』と出してもいいか？」というこちらの問いに、明確に「それでいい」と答えている。だが、この幹部は私が裏取りに来たとは認識せず、どの時点なら出してもいいかを聞きに来たと思っているだろう。それでいい。ちなみに、もしも夫妻が庁舎に入る前に「逮捕へ」と出しても、おそらく夫妻は逃げずに出頭しただろうと、私は思っている。籠池氏はそういう人だから。

さあ、これで裏は取れた。急いで報告しよう。幹部の部屋を出ようとしたところで、私ははたと気がついた。戒名（逮捕罪名）は？　ガサは補助金適正化法違反と詐欺の2つの罪名で行われた。補助金適正化法違反ではないかという感触があったが、確認はできていない。扉の前で私は幹部の方を振り返って、あわててしゃべった。

「念のためですが、籠池夫妻を補助金適正化法違反の疑いで逮捕。これでいいですね？」

この聞き方はダメだ。幹部はあいまいにうなずいただけだった。これは認めたのか？　認めたようにも思えるが、逮捕の部分だけうなずいたのかもしれない。でも、もう時間切れだ。私は部屋を出ざるを得なかった。

庁舎を出ると、2番機H記者がいた。

「確認できましたか？」

「できた。幹部が逮捕を認めた」

「さすがキャップ。それで罪名は？」

「う〜ん、補助金適正化法違反だと思うんだけど……」

でも、逮捕することだけは間違いない。なら、あえて罪名を書かず、「補助金不正受給の疑いで逮捕へ」としてしまえばいいのである。この時点では罪名までなくても構わない。

あとは検察幹部との約束を果たすだけ。私は籠池夫妻を乗せた車が地下へのスロープを下っていく際に、その横を併走し、警備員に制止されるまで地下の入り口に近づいて、夫妻が確かに庁舎に入るのを見届けた。よし、これで出せる。この時、入り口へと駆け寄っていく私の後ろ姿は、報道各社のカメラに映り込み、実際に民放のニュースで放映されている。「相澤さん、映り込んでましたね」と何人かの記者にからかわれたが、実はそういう狙いだったのである。

「籠池夫妻を逮捕へ　補助金不正受給の疑い」

速報スーパーが流れた。他社はまだどこも報じていない。特ダネだ。

ここで東京社会部から追加の情報が来た。「罪名は補助金適正化法違反」

私は先入観があるから「やはりそうなのか」と思った。だがH記者は違った。独自の取材で、罪名を探り当ててきた。

「罪名は詐欺です。補適法（補助金適正化法違反）じゃありません」

私はすぐに大阪局内にいるYデスクにこの情報を伝えた。だが社会部も自分たちの情報に自信があるようだ。私は「大阪の情報を重視すべきだ。情報が食い違っている以上、少なくとも罪名は伏せたままにすべきだ」と主張したが、結局は社会部の言い分が通り、「補助金適正化法違反」という罪名入りの原稿が出稿されてしまった。

その後に行われた特捜部の逮捕レク。発表された罪名は「詐欺」だった。……ほら、言わんこっちゃない。罪名を間違えたじゃないか！　せっかくの特ダネにけちがついた。この時、東京・渋谷のNHKニュースセンターでは「罪名を訂正します」とのアナウンスが流れたそうだ。私をよく知る東京の記者がメールを送ってきた。「何が起きたんですか？」私は「社会部が間違えたんだよ」と返信した。


後日、K社会部長と渋谷のニュースセンターで会った際、彼は私に謝ってきた。

「相澤さん、本当に申し訳ない。うちの記者のせいであんなことになって」

彼は現役記者時代、ピカイチの検察担当記者だった。それだけに今回のことが許せなかったようだ。「裏の取り方が甘い」「普段からの関係構築がなっていない」と、おかんむりだった。実際はもっと具体的に話したのだが、ネタ元との関係があるので控えておく。私は最後に尋ねた。

「それで、逮捕一報の特ダネに取材特賞は出ないんですか？　私自身も罪名を勘違いしていたから私はいいけど、詐欺と正しく情報を取ってきたH記者に賞をやってくださいよ。社会部の記者と連名でもいいから」

しばらく、う～んと腕組みをして考えていたK社会部長は、最後に言った。

「申し訳ありません。やはり結果的に罪名が誤報になった以上、特賞は出せません。大阪が悪くないことはよ～くわかっていますけど、本当に申し訳ない」

社会部長にここまで言われて頭を下げられては、引き下がるしかない。それに社会部長が言っていることは正論だ。誤報に賞は出せない。しかし私は悔しかった。努力してせっかく特ダネを出しても、なんだかんだで評価されない。この時、大阪司法クラブの記者は、大阪報道部で最も努力し最も成果を上げていたと自負しているが、ちっとも評価されていなかったように感じる。今でも。

第8章

取材体制変更で担当を外された私

大阪地方検察庁

司法クラブから外される?

NHKは例年、7月下旬の一般職人事に合わせて取材体制を見直す。森友事件が継続中の2017年(平成29年)7月の時点で、私は大阪の司法担当キャップになってまだ1年しかたっていなかった。この担当は普通2年はするものだ。しかも森友事件が進行していることもあり、私は当然、もう1年司法キャップとして残るものと思っていた。

一方、管理職の人事は、一般職に先だって例年6月に行われる。私が信頼する大阪報道部ナンバー2、本物の事件記者のT統括は、この年の人事で別の部署に異動してしまった。代わって着任したのは、T統括の1年後輩のS統括である。社会部出身だが災害報道が専門で、事件取材にはうとい。彼は着任早々、私にこう言った。

「相澤さん、司法クラブは3人じゃ大変でしょう。4人のほうがいいですよね」

いや、まったくその通り。前々から人手不足だと思っていたのに、さらに森友事件が降ってきた。ほんとにてんてこまいで、猫の手も借りたいとはこのことだ。そこにこの発言。まさに我が意を得たり。私からお願いする前に向こうから言ってくれたというのが、またうれしい。記者の新体制は、報道部ナンバー2の統括が決める。いったい誰が増員で来てくれるのだろう？　私はわくわくして発表を待った。

そして迎えた7月の一般職異動内示後の新体制発表。体制表を見ると……司法クラブは3人のまま……それより、私が司法クラブから外されている。遊軍になっている。どういうこと？　もう森友事件を取材しなくていいってこと⁉

報道部長と統括が2人そろって私に説明した。

※報道部長もこの年の人事異動で交代し、それまでのT部長からA部長に代わった。T部長は私の同期で理解者だったが、A部長は小池報道局長と同じ政治部出身で、初任地も同じ鳥取。

「相澤さん、もうそろそろ後進に道を譲ってください」

後進に道を譲るもなにも、私は別に誰もが望む地位にいるわけではない。いずれはこの立場を交代せねばならないのはわかるが、事件進行中の今、代える？　どうかしてるんじゃないの？　という思いがこみ上げた。だが、組織の一員である以上、途中で意見は述べても、上司の最終判断には従わざるをえない。

私の後任として司法キャップになったQ記者は、それまで大阪府警捜査一課を担当していた。いわゆる一課担だ。相当な激務である。私は、彼がそこを見込まれて、この極めて重大な時期の司法キャップを任されたのだと思った。引き継ぎをするため、私は彼を呑み屋に誘った。そこで話し始めて早々、Q記者は私に宣言した。「私は回りませんから」

これは、第一線の検事の取材のための夜回りや朝駆けをしない、＝検察取材をしない、という宣言だ。森友の詐欺事件が山場を迎えている、まさにこの時期に。記者だったら本来「必死に回って他社の担当に追いつきますっっっ」と宣言して、文字通り死にものぐるいで回らなければならないこの時期に。おまえ、ほんとに一課担だったの？？？

彼の言い分を聞くと、要するに、自分はしんどい一課担を2年もやって、次は遊軍でじっくりと番組取材の仕事をしたいと思っていたのに、上からいきなり司法キャップを押しつけられた。だからキャップとしてでんと構えているが、回りはしない、ということのようだ。

いや、それは記者の発想じゃないでしょ。きつい一課担を2年やったんだから、次は楽させてよ、という気持ちはわからないでもないが、上司が一度決めた方針には従わざるをえないのだ。私もそうだし、おまえもそうだ。上司の命で司法キャップになった、そして目の前に森友事件がある以上、必死に回らざるをえない。仕方ないだろう。それにそもそも、こんな重大事件の取材に携われるなんて、記者冥利に尽きると思わないのか？

彼は思わなかったようだ。彼は本当に回らなかった。あきれるほど回らなかった。検察で取材に行くのは、地検の広報対応の窓口になっている次席検事だけ。司法クラブに行くと、いつも自分の席にでんと座っていた。森友事件でほとんどネタをとらず、原稿を書かなかった。そして翌年、2018年（平成30年）夏の異動で、彼は希望通り東京社会部に行った。そしてネタを出し続けた私は、記者を外された。

人事は組織の意思を示す。ＮＨＫの記者はみな、この人事が示す組織の意思がわかったことだろう。


これでは森友取材は進まない。私はＡ部長とＳ統括に提案した。

「私を籍だけ司法クラブに残してください。４人目のクラブ員として。クラブ本来の業務はほかの３人に任せますが、私は４人目として森友事件を取材します。もちろん検察も」

彼らはこの提案は受け入れてくれた。それで私は籍だけのクラブ員として、引き続き検察取材や森友取材を続けることができた。だが、それはあくまで自分自身だけ、一記者として１人で取材ができるということだ。それまで私はキャップとして若手記者２人に対し、取材の指示をしたり相談を受けたり報告を受けたりすることができた。それによって互いの取材を相互に補い重層的に取材成果を積み重ねることができた。だが、キャップを離れ一記者となっては、それは新キャップの役目だから、私は一記者に徹して一人でやるしかない。そして新キャップは何もしない。これでは取材の効率が落ちるのは避けられない。

それでも構わないと、新たな大阪報道部の幹部は思ったのだろうか？　私は、彼らが森友事件の取材を軽んじている、あるいは、むしろ積極的に取材してほしくないと考えている証だと感じた。

森友事件の取材について大阪報道部内でどう受け止められていたかを象徴する出来事が、もう一つあった。その年（2017年・平成29年）の年末、報道部記者全体の忘年会。この席でA報道部長は、この1年様々な部門でいいネタを出した記者の努力と成果をたたえ、それぞれに報道部長賞という取材特賞を配った。ちょっとしたネタでも受賞する大盤振る舞いで、かなりの数の記者が賞をもらったが、士気を上げるという意味ではそれもありだろう。だが、この1年、間違いなく最も重要な取材テーマで、しかも成果があがっていたと誰もが認める森友事件の取材について、まったく一言も触れることなく、取材にあたった記者たちも誰一人受賞しなかったのである。

これはさすがに公平さを欠いている。私はもういい歳だから賞にこだわる訳でもないが、若手記者たちはたまらないだろう。その場では私は何も言わなかったが、後日、司法担当のYデスクに言った。「忘年会で森友はまったく受賞なしですよ。ほかのネタはいっぱい受賞しているのに、いくらなんでもおかしくないですか？」

報道部長賞は報道部長が出すが、賞は各担当デスクからの申請を受けて出される。つまり、Yデスクが申請を出さなければ賞は出ない。YデスクもA報道部長も、さすがにマズいと思ったのだろう。A報道部長は「森友は別途、賞を出していませんでしたっけ？　勘違いしていました」とお詫びしてきた。基本的には人のいい人だと思う。だが、報道部の最高責任者として、たとえ担当デスクが申請を出していなかったとしても、「森友の件で賞が出ていない。出さねば」と気づいてほしかった。

その後、幹部たちが善後策を協議した結果、遅ればせながら年が改まってから、森友事件取材に関わった記者全員に、報道部長賞よりワンランク上の大阪放送局長賞が出ることになった。代表して局長から賞を受け取る役目は、2番機H記者にしてもらった。籠池前理事長の逮捕や、その前後の検察捜査の取材で、最も貢献していたから当然だろう。

第9章

森友事件追及弁護団（仮称・阪口弁護団）の活躍

（前列左から）菅野園子弁護士、阪口徳雄弁護士、上脇博之神戸学院大学教授
（2018年6月5日）共同通信社

反骨の人

2017年（平成29年）9月11日に籠池夫妻が起訴され、詐欺事件の捜査は終わった。いよいよ次の焦点は背任事件の捜査である。これこそ国有地売却問題の本丸だ。ここにきて存在感を増したのが、大阪を中心に弁護士や学者の有志200人余りで結成された「国有地低額譲渡の真相解明を求める弁護士・研究者の会」である。

何としても問題の真相を明らかにすべしという信念で結成された、このグループの中心は、阪口徳雄弁護士。1973年（昭和48年）弁護士登録の大ベテラン。司法修習23期だったのだが、司法修習生の時、修習終了式での言動を理由に最高裁判所から修習生を罷免され、弁護士になるのが2年遅れたという逸話の持ち主だ。阪口さんは終了式でいったい何をしたのか？

時は1971年（昭和46年）。学生運動華やかなりし頃で、その2年前、東京地裁が東京都の公安条例違反デモ事件で無罪判決を出したことに、時の法務大臣が「あそこ（裁判所）だけは手が出せなかったが、もはや、何らかの歯止めが必要になった」と発言した時代だ。日弁連（日本弁護士連合会）は当時の状況について、「自由民主党が政権を担当する、その立場において、自分に都合の悪い判決、これに偏向判決というレッテルを貼っていることは明らかであります」と記述している。

この年、修習を終えた23期の裁判官希望者のうち7人が、最高裁から裁判官の任用を拒否された。そのうち6人が青法協（青年法律家協会）の会員だったことが騒ぎのもとになった。青法協は、協会のウェブサイトによると「憲法を擁護し平和と民主主義および基本的人権を守ることを目的に、若手の法律研究者や弁護士、裁判官などによって設立された団体」だ。この任用拒否について修習生たちは「思想信条を理由とするものではないか」との疑念を抱き、最高裁に対し、不採用の理由を明らかにするよう迫ることになった。

そして迎えた修習終了式。会場の周辺では、「司法の魔女狩りを許すな」というプラカードを掲げる人、拡声器で叫ぶ人、ビラをまく人がいて、参加者の一人は「さながら大学紛争の様相を呈していた」「研修所当局は、混乱を恐れ、最高裁判所長官等の来賓者を一切断っていた」と書いている。

終了式で司法研修所の所長が祝辞を読み上げようとしたところ、修習生のクラス委員会の代表だった阪口さんが発言を始めた。ところが会場から「聞こえないぞ」というヤジが飛び、阪口さんはその声に押される形で、所長の前にあったマイクを持ち、「任官を拒否された人に10分間発言させてほしい」と述べた。これが問題視された「言動」である。

阪口さんはその日のうちに修習生をクビになった。再び修習生に戻り、弁護士になるまで2年かかったというわけだ。凄まじい、もとい、素晴らしい逸話だ。ザッツ反骨の人。もっともご本人に言わせると、「あれは周りであおる奴がいて、自分はクラス委員会の代表として言っただけなのに、それでクビにされた」とのことだ。真相をご存じの方、当時のいきさつを教えてください。特に、周りであおった方、よろしくお願い致します。

私は、この阪口弁護士とウマが合った。彼も大酒飲みだからだろうか？　御年75歳とは思えないほど、焼酎のお湯割りをガブガブ飲む。もっとも最近は、2杯目以降はかなりお湯の比率が多いようだが。

阪口弁護士は、これまで官房機密費の情報公開訴訟や大企業相手の株主代表訴訟など、権力や巨大企業を相手に一歩も引かずに渡り合ってきた。そんな阪口さんを慕って、同じ志を持つ若手弁護士たちが周囲に集まってくる。

阪口弁護士の一番弟子は、前川拓郎弁護士だ。阪口さんのもとで修行を積み、「そろそろ独立しようかな」と別に事務所を構えたら、なぜか師匠も一緒についてきた。阪口さん曰く、「引っ越しただけ」……こうして独立は有名無実となり、前川さんは今もせっせと実務をこなしながら、やりたい放題の師匠を支えている。美しい師弟愛だなあ（笑）。

だが、阪口さんもしっかり稼いでいるとのこと。そりゃそうだ。どこかで稼がなくては事務所が維持できない。金にならない森友事件追及もできないのだから。

阪口弁護士を中心に、彼の周囲に集う若手（とは言いがたい人もいるが）弁護士たちがグループの中核となって、訴状や準備書面の作成、証拠の収集、判例の精査など、一文の得にもならない森友事件の真相追及のため精力を傾けてきた。この弁護士集団を、私は勝手に「阪口弁護団」と名付けている。

メンバーの一人、愛須勝也弁護士。もう58歳だが、弁護士登録が２０００年（修習53期）と年齢の割に遅く、阪口さんにかかると「若手」である。猫が大好きで、安倍政権と大阪維新の会が大嫌い。フェイスブックのタイムラインは、大好きな猫の写真と、大嫌いな安倍政権や維新についての書き込みであふれている。ある日、大阪弁護士会の職員から「先生は猫がお好きなんですね」と話しかけられたそうな。すると愛須弁護士、「情報が漏れている」。いやいや、漏れているも何も、自分であんだけアップしてれば誰だってわかるでしょう。

私が愛須弁護士と初めてお会いしたのは森友事件の前、２０１６年（平成28年）12月のこと。豊中市のマンションで起きた、妊娠中の女性の殺害事件の裁判だ。女性は、一面識もない同じマンションの男に刃物でメッタ刺しにされた。女性は1歳の子どもを抱いていた。その子の目の前で犯行は行われた。「自分は監視されている」という妄想を抱いた男によって。被害者にまったく落ち度のない事件。

その事件の初公判。法廷に立った男の発言を聞いて私はすぐに気づいた。「この男はアスペルガーだ」私はその10年前、発達障害についてのニュース特集を記者たちと作った。そのころ、発達障害の人による動機の不可解な事件が相次いでいた。障害が直接犯罪に結びつくわけではなく、むしろ障害への周囲や世間の無理解が背景にあると感じていた。その問題意識をきっかけに特集や番組を作ったことがあるから、すぐに気づいた。そして、この男の刑事弁護を受任していたのが愛須弁護士だった。

私はこの裁判の公判をすべて、証人尋問など、普通ならニュースにしない途中経過もすべて取材して、毎回ニュースにした。その過程で愛須弁護士といろいろやりとりをした。この男はなぜこんなにも理不尽な犯行に走ってしまったのか？　どういう考えでこの男の弁護をするのか？　彼の考えに触れていた。この裁判の判決から2か月足らずで、森友事件がはじけることになる。

特捜部も一目置く法律家集団

菅野園子弁護士は、問題の国有地と同じ豊中市に事務所がある。２００４年弁護士登録（57期）。若手と言うより中堅だが、年寄りの自分ではテレビ映りがイマイチだと考えていた阪口弁護士から、テレビ映えを考えて共同代表に指名された。テレビ向けのインタビューや会見は、基本的に阪口弁護士か菅野弁護士が対応する。

……というと見栄え重視のような印象になるので申し添えると、もちろん仕事もきっちりこなす。こなしすぎているかも。弁護団でも、裁判所や検察庁に提出する多くの書面作りを担当している。子どもの相手も大切にする、忙しい母親でもある。

高須賀彦人弁護士は、２０１３年弁護士登録（65期）と、弁護団の中で最も遅い。弁護士としてのキャリアはまだ浅いが、緻密で理知的。議論百出でまとまりがつかなくなった弁護団の議論を、うまい具合に収斂させていく。準備書面の作成など弁護団の実務のかなりの部分を率先して担っている。損な役回りを厭わずに自ら引き受ける、頼れる弁護士だ。

……単に一番若手だからやっかいな作業を押しつけられているだけだろうか？

小林徹也弁護士は、1994年弁護士登録（46期）。弁護団の会議で明るく議論をリードするムードメーカーだ。だが阪口弁護士に言わせると、「あいつはアイディアマンで口はうまいが、そのことをなかなか文書にしない。実務は人任せやからな。もう少し仕事をしてもらわないと」。厳しいなあ。この弁護団に参加しているだけでも、実務の一端を担っていることになるのだが。いいアイディアをいろいろ出しているし。阪口さんの「指導」後は非常に実務をこなしている。若造扱いされているが、彼ももう50代。阪口さんにかかると誰でも若造である。

岩佐賢次弁護士。2010年弁護士登録（63期）。彼の最大のエピソードは何と言っても、森友学園の代理人だったS弁護士と勘違いされたこと。S弁護士のインタビュー映像に思いっきり「大阪法律事務所　岩佐賢次氏」とスーパーされた。テレビ東京でのこと。記者が同じ日に2人にあいさつして名刺交換をしたので勘違いしたと、釈明があったようだ。確かに年代的には近いし、面影がなんとなく似ていると言われれば似ていなくもないような気もしないでもないが、よりによって追及する側とされる側を勘違いしなくても……というわけで、この一件は当時、大阪の弁護士界でかなりの話題になった。今でも弁護団のネタの一つにされている。

ネタの話ばかりですみません。情報収集に、書面作成に、ちゃんと実務もこなしています。

弁護士ではないが忘れてはならないこの人。上脇博之神戸学院大学教授。阪口弁護団が国を相手に仕掛けている情報公開請求や訴訟は、すべてこの人が申立人や原告になっている。阪口弁護団はあくまで代理人だ。森友関連の裁判の原告としてあらゆるメディアの取材を受けている。そして、この章の最初の写真でもおわかりの通り、常に頭にバンダナを巻いている。教授のトレードマークだ。

ある日、2番機H記者が私に尋ねてきた。

「上脇さんは、なぜいつもバンダナを巻いているんですか?」

言われてみればそうだが、私は気にとめたこともなかった。どうでもいいことだが、きっと誰か取材先の人から尋ねられたのだろう。阪口さんに聞いたが、知らないという。阪口さんが知らないんじゃ誰も知らないだろう。そんなある日、私は資料を受け取るため、神戸市内の閑静な住宅地にある上脇教授の自宅を訪ねた。ピンポンを押すと「ちょっと待ってて」の返事のあと、しばらく間があった。自宅でくつろいでいたのだろう。やがて玄関から現れた教授の頭には、しっかりとバンダナが!

この話をH記者に披露したところ、「もはや体の一部ですね」……そんなこと、私には言えない。

阪口弁護団は、森友事件をめぐり上脇教授が起こした情報公開請求訴訟や国家賠償訴訟などを手がける一方で、早い時点から、事件の本丸は国有地の格安売却だと狙いを定めていた。そのことは「国有地低額譲渡の真相解明を求める弁護士・研究者の会」という正式名称にもしっかりと表されている。

法律の専門家集団として、誰にどういう責任を問うべきか、慎重に議論と検討を重ねた末、この年の7月13日に、売買当時の近畿財務局長や担当者ら合わせて7人を背任の疑いで、また役所の何者かが証拠を廃棄したとして証拠隠滅の疑いで、大阪地検特捜部に刑事告発した。国民共通の財産である国有地を不当に安く売却したことで、国に損害を与えたという疑いだ。彼らは、特捜部に何としても背任を立件してほしいという応援団であると同時に、立件しなければ許さないという監視団でもあった。

そこで彼らが最初に仕掛けたのは、背任をめぐる法律論だ。背任罪が成立するにはいくつか要件がある。法律の書物ではないから詳しい理屈は省くが、要は、森友事件の場合は要件を満たさないから背任は難しいという理屈が、かなり早い時点で検察の一部から聞こえていた。そこで弁護団は、刑法が専門の立命館大学法科大学院の教授に協力を求め、意見書を書いてもらうことにした。このケースで背任は成立するという理論を、最新の最高裁判例などを踏まえてまとめ、刑法の専門家の見解として大阪地検特捜部に提出した。もちろん事前に報道各社に連絡し、テレビカメラを並べた取材陣の前で堂々隊列を組んで大阪地検の庁舎に入っていった。

阪口弁護団は特捜部からも一目置かれている。弁護団が意見書を提出するため面会を申し込んだところ、特捜部では背任事件の捜査を現場で仕切っている主任のI検事らが応対した。あとで話を聞いたところ、面会は1時間近くにおよび、弁護団は、法理論的にも背任が成立するので必ず立件してほしいと強く要請した。I主任検事は「よく検討させていただきます」と答えたという。

背任は企業の社員などが対象になることが多く、公務員による背任は珍しいとされる。しかし阪口弁護士は、かつて奈良県生駒市の顧問弁護士を務めていた時、前の市長を背任の疑いで大阪地検特捜部に告発したことがある。その時は実際に立件されたという。

「昔の特捜はちゃんと公務員の背任を立件できたんや。今、あれこれ法律論を言うのは、みんな逃げてるだけ」

阪口弁護士は手厳しい。

次なる作戦

次の作戦は、土地の値引きの根拠となったごみの撤去費用だ。そもそも撤去に8億円以上もかかるほどのごみが本当に地下に埋まっているのか？

そこで弁護団は、不動産鑑定に詳しい一級建築士に依頼して、ごみの撤去費用を算定してもらうことにした。その結果は、せいぜい4億円程度しかかからない。8億円も値引きしたのは明らかにやり過ぎだという結論になった。弁護団はこれも意見書にまとめ、大阪地検特捜部に提出した。そのたびに主任のI検事が応対する。さぞプレッシャーになったことだろう。

しかしながら結論を先に言ってしまえば、弁護団のあの手この手の作戦も特捜部の不起訴処分を変えることはできなかった。しかし、それであきらめる阪口弁護士と弁護団のメンバーではない。検察審査会で結論をひっくり返し、起訴相当の議決を勝ち取るため、彼らは今も作戦を練っている。弁護士も記者も、しつこさが大切だ。

第10章

近畿財務局職員の自殺が残した謎

近畿財務局が入る大阪合同庁舎第4号館　時事

公文書改ざんの衝撃

森友事件の発覚から1年あまりがすぎた2018年(平成30年)3月2日朝。朝日新聞が決定的な特ダネを出した。

「財務省が森友の国有地取引関連の公文書を改ざんした疑いがある」

破壊力満点の大特ダネだ。財務省は大揺れだろうが、我々も大騒動だ。これだけの特ダネ、後追いはマストだが、どうやって後追いする?

ところがお粗末な話だが、我々は「即座に後追い」どころの話ではなかった。と言うのは、私はその日の昼前まで、朝日に抜かれたことを知らなかった。なぜって、特ダネを抜かれたら必ず早朝に入るはずの「抜かれ連絡」がなかったから。

毎朝すべての朝刊の紙面をチェックし、抜かれ記事があったら担当者に連絡するのは、その日の泊まり担当デスクの仕事だ。ところがこの日はそれがなかった。財務省の話だから大阪で後追いすべき話だと思わなかったようだ。

しかし森友事件をメインで取材しているのは東京ではなく大阪の我々だ。こちらで後追いしなくてどうする？　そういう認識が共有されていないところに、このころの大阪報道部の態勢のお粗末さがあったように思う。森友事件を本気で取材しなければという意識が、当時の大阪報道部の上層部には欠けていた。

大阪報道部の司法担当Ｙデスクが局に出てきて朝日新聞の特ダネに気づき、私に連絡してきたのが昼前だった。連絡の遅さに文句を言っても始まらない。さあ、どうしよう？　朝日の記事のニュースソースとして考えられるのは２つ。大阪地検特捜部と、財務省サイド（近畿財務局を含む）だ。昼間、検察庁に行ったって、こんな情報取れるわけがない。かといって近畿財務局も難しい。財務省本省は遠すぎる。情報を持っている可能性がありそうな取材先に片っ端から連絡を取ったが、まったくヒットしない。東京社会部のデスクとも連絡を取ったが、財務省を担当する東京経済部も含め、あちらも苦戦しているようだ。

「東京では厳しそうです。相澤さん、何とかなりませんか？」

気持ちはわかるが、こちらも有効な手立てがない。正直言って、朝日の記事を受けて財務省が認めないだろうか？　それが一番手っ取り早い。だが、財務省は「把握していない。調査中」と言うのみ。いよいよ厳しい。我々は打つ手がなかった。でも何かは出さないと、世間は大騒ぎになっている。そこで苦肉の策として経済部が、「公文書改ざんを指摘する一部報道について財務省が調査中と述べた」という、極めて苦しい原稿を出した。時々見かける「一部報道について」というニュースは、こういう状況下で出ることが多い。

改ざんが行われたのは、森友学園との国有地取引をめぐる決裁文書だった。財務省は結局、3月12日の国会への説明で、改ざんの事実を認めることになる。

通常、この種の行政文書は、徹底した作成ノウハウに基づいて作られる。あることを説明するのに、なぜその単語を選んだのか、そこまでいちいち説明が求められる。

今回のケースでは、学園側からの「要請」という単語が「申し出」に書き換えられている。「要請」という単語で役人がまず思い浮かべるのは、政治家だ。「役所に対して一定の影響力がある人物・組織からの強い依頼」というのが「要請」という単語のニュアンスだ。それを「申し出」にわざわざ変えるあたりに、相当な役所リアリティーがある。これは、はっきりとある意図、ある意思に基づいて組織的に行われたことに違いない。役所文化に詳しい人ならすぐにそう考える。

そもそも財務省の出先機関である近畿財務局は、日頃から一事が万事、本省にお伺いを立てる文化だ。上を恐れ、自分たちの責任が問われないよう徹底して報告して指示を仰ぐ。つまり、今回の改ざんのような大それたことを近畿財務局が主導することはありえない。

一方、書き換え前のもともとの文書をみて、ある財務局経験者は「担当官の矜持を感じる」と指摘した。「この契約は異例だ！」というメッセージが、使っている単語や行間に強くにじんでいる。だからこそ、書き換え＝改ざんを命じられたのではないか？ 我々は推測した。

そのころ再び、衝撃の事実が発覚した。「近畿財務局職員が自殺」亡くなったのは3月7日。

改ざん発覚の5日後。そしてこの事実が明らかになったのは、その2日後の3月9日だった。

休職中に呼ばれたA上席

亡くなったのは、近畿財務局管財部上席国有財産管理官のA氏。まさに森友学園との国有地売買交渉にあたっていた担当者の一人だ。神戸市内の自宅で命を絶ち、兵庫県警が捜査の結果、自殺と断定した。

いったいどういう人なのか？　彼の死と国有地売却、公文書改ざんは何か関連があるのか？

A上席の死について取材を進めるため、地元神戸や大阪、関西各局、さらに東京社会部も加わって、取材チームが作られた。その取材により、我々はA上席について次のようなことを知った。

・2015年7月の異動で管財部の上席国有財産管理官となり、国有地の購入に関する様々な申し入れや陳情、クレームを処理していた。ときに掟破りの申し入れがあるが、「いちいち耳を貸す訳にはいかない」と公平さを大切にしていた。2016年（平成28年）から森友学園の土地払い下げの案件を担当していた。経験豊富で手堅く、周囲から信頼されていた。

・上席というポジションは、本省からの指示と現場との摺り合わせを行うことが求められる役職。本省の指示が現場の実情にあわなかったり法律解釈が少し間違っていたりしても、そのまま飲む人が多い中、A上席は「それはおかしい」「自分はこう思う」と意見する、役所では珍しい人だった。上司も煙たがりつつも、仕事はしっかりこなすので一目置いていた。それでも、一旦組織が決定したことは受け入れてしっかり守る、至極まっとうな行政マンだった。
・声が大きく明朗な性格で、疑問に答えてもらうと笑顔でお礼を言う、気持ちのいい人。いわゆる開けっぴろげなキャラクターで、自殺と聞いても全く想像できない。
・半年前から〝心身耗弱〟とのことで休職していた。森友事件が発覚して以降、東京との板挟みで相当苦労しており、追い込まれていた。

そして、さらに取材を進める中で、我々は次のような重要情報を得た。

・3月2日の朝日新聞の「改ざん」報道を受け、3月6日に、休職中のA上席が近畿財務局に呼び出された。実際に庁舎内で彼の姿を見かけた人がいる。そして翌7日、A氏は自ら命を絶った。

精神的な問題で休職しているのに、A上席はなぜ呼び出されたのか？　役所では誰とどういう話をしたのか？　何か指示されたのか？　責任感が強かったというA上席。改ざんのしわ寄せで精神的に追い込まれて休職し、さらには死に追い込まれたのではないのか？　これは必ず解明して、彼の無念を晴らさねばならない。

事情聴取はあった？

取材チームが作られたとは言っても、それはA上席の死をめぐる謎を解明するためのチーム。一方、大阪地検の捜査の取材は、実際問題として、私と2番機H記者の2人でするしかない。そして取材すべきテーマは幅広い。私たちは検察取材のテーマを改めて整理してみた。

まず、特捜部による背任捜査の行方がある。従来からの最重要課題だ。背任は立件できるのか？　立件できるとしたら誰か？　財務省のガサなどの動きはないのか？　起訴にせよ不起訴にせよ、結論はいつ頃出るのか？　こうしたことを一つ一つ詰めていかねばならない。

それに加え、公文書改ざんが発覚したことで、この改ざんが罪に問われるのかどうかも重要テーマになった。問えるとしたら罪名は何か？　虚偽公文書作成か？　公文書変造か？　公用文書毀棄《きき》か？　証拠隠滅にはあたらないのか？　罪に問えるとしたら誰か？　改ざんに関わったとみられる佐川宣寿前理財局長は罪に問われるか？　その事情聴取はいつか？　こちらも取材すべき項目は多い。

一方、自殺したA上席の件は、直接の担当は警察であり、検察の関与は間接的だ。検察サイドの取材では、「A氏は近畿財務局で上司だったI統括国有財産管理官（当時）とセットの重要人物で、ぜひ事情聴取したかったが、病気だからできなかった」という話が聞こえていた。山本特捜部長も「聴取はしていない」と明言した。

だが、疑い深いのが記者だ。本当にそうなのか？　実は聴取していたのではないか？　検察庁から聴取の呼び出しがあれば、本人は役所に報告するだろう。その結果、役所に呼ばれてすりあわせが行われたのではないか？　大阪地検特捜部には調べのキツいことで知られる検事がいる。

彼に事情聴取された関係者は、みなげんなりしている。彼に絞られて、その翌日に命を絶った、というのはあり得る想定だ。あくまで想定であり、可能性が高いとは言えないが、一応可能性をつぶしておく必要がある。我々は検察担当としてこの可能性を踏まえ、あれこれと探ってみた。ところが結局、この線では何も出てこなかった。これ以上ここを追っていては、ほかの取材に差し障りかねない。我々はとりあえずこの線を捨てることにした。

後日、A上席の事情聴取はやはり行われていなかったことがわかった。私たちのやっていたことは全くの無駄だったわけだが、記者の取材というのは手探りだ。無駄を重ねないと前に進まない。

遺されたメモに「佐川」「麻生」の名

亡くなったA上席が遺書らしきものを残していたという話は、当初から出ていた。この「遺書」について、3月13日、同時に相矛盾する記事が出た。

神戸新聞「遺書に森友関連の記載なし」

読売新聞「本省に文書の書き換えを指示されたとの記述がメモに」

我々の取材チームもこの遺書について各方面で取材に走っていた。その結果、次のようなことがわかってきていた。

・遺書は短く簡単なもので、森友関連の記載はないが、遺書とは別に、経緯を詳細に記したメモのようなものがある。
・メモの内容は、現場を調べた兵庫県警と、報告を受けた警察庁、それに遺族の知らせを受けた財務省しか知らない。官邸には財務省から伝わっている。法務検察サイドは間接的に聞いているが、正確なことはわからない。
・メモには、財務省本省から指示されて書き換えをさせられた恨みが書かれていた。衝撃的な内容だった。財務省関係者の実名も出ている。

これはやはり大ごとだ。神戸新聞は、「遺書には森友の記載はない」という部分だけを聞いて勘違いしたのだろう。ここは読売が正しい。遺書ではなく、メモが問題で、そこに重大な事実が書かれているのだ。

こうなると、何とかこのメモのコピーを手に入れるなり、写真に撮るなり、詳細に書き写すなりして、詳しく伝えたい。普通はどこかしらから情報が取れるものだ。ところがこのケースは、各記者がどれだけ頑張ってもなかなか詳しい情報が入ってこない。相当な箝口令が敷かれている。よっぽどヤバいことが書かれているのだ。ますます情報がほしい。ここで、とある記者がようやく情報をつかんできた（情報源を秘匿するため所属は伏せる）。メモはＡ４で数枚程度。そこには以下のように書かれていたという。
・改ざんは財務局が勝手にしたのではなく、本省からの指示があった。佐川（前理財局長）の指示で書き換えた。

・決裁文書の調書の内容について、上から、詳しく書きすぎていると言われて書き直させられた。
・このままでは私一人の責任にされてしまう。冷たい。
・国会答弁では関係書類はないとしているが、確かに当該書類は1年保存だが、通例で執務資料として残しており、ないということはありえない。
・上司と思われる人物や複数の議員の名前。麻生財務大臣についての記載も。

やはり大変な内容だ。ここまで詳しくわかれば、いよいよ出稿できる。書き上がった原稿は、3月15日に独自ネタとして放送された。判明した内容はおおむね盛り込まれたが、佐川氏や麻生大臣の名前はこの時点では出されなかった。私は詳しい判断理由を聞いていないが、想像するに、メモにそう書いてあっても書かれた内容が事実かどうかまで確認ができていない段階で、政治家や官僚の名前を個別に出すことを控えたのだと思う。これは忖度ではなく、名誉棄損を避けるための慎重な判断だろう。

検察をナメた財務省

一方、私とH記者の検察取材も少しずつ成果を上げていた。3月から4月にかけて、私たちは取材情報を頻繁にメールで交換している。とは言っても検察取材は私よりH記者が一枚も二枚も上手だ。私が情報メモを1本出す間に、H記者は3～4本は送ってくる。その中から一つの新事実が浮かび上がった。

「財務省は当初、特捜部にも改ざん後の文書を提出していた」

財務省もナメた真似をしたものだ。任意の資料提出で大阪地検特捜部に改ざん後の偽文書を出すなんて、バレるに決まってる。案の定バレた。なぜバレたのかは捜査と取材の秘密に関わるので控えるが、検察庁は事件発覚と同じ２０１７年（平成29年）のある時点で、早くも改ざん前の正しい文書を入手している。

おもしろい。これは財務省が捜査機関にもうそをつき通そうとしていたことを示す事実だ。私たちはこれを連名で独自ネタとして3月13日の朝のニュースに出した。

このころの私の情報メモの一つを紹介する。

【財務省情報】180312
・財務省は当初、書き換え後の文書を検察に出した。
・その後の捜査で書き換えがあったことがわかり、検察が財務省に書き換え前の文書を出すよう求め、書き換え前の文書が提出された。
・財務省からの任意提出は去年（２０１７年・平成29年）の春から秋まで五月雨的に行われた。それぞれがいつの時点で出されたのかはわからない。
・去年の春の時点ですでに書き換え後の文書が公文書として保管されていた。書き換え前の文書はすでに財務省内になくなっている。

今回は検察からコピーをもらって新旧対比表を作った。
・書き換えは（本省の）理財局が主導して指示し、実際の書き換えは近畿財務局が行った。財務省は与党にもそのように報告している。

【検察】180310
いろいろ騒いでいるけど、改ざんの内容、時期が問題で、必ずしも偽造、変造にはならない。
※上記を考え合わせると、検察は去年秋までの時点で文書書き換えの事実を把握しており、関係する職員の事情聴取もすませた。その上で、罪には当たらないと判断したのではないか？
※検察に提出された経緯は、検察サイドで確認できれば独自ネタになります。

その通り。H記者が検察でウラを取ったので、この経緯は独自ネタになった。だが、そんな風にうまくいく取材ばかりではない。むしろ、うまくいかない取材の方がはるかに多い。

私は朝駆けはしても夜回りはほとんどしないが、H記者は連日朝駆け夜回りを重ねている。その報告によると、捜査が佳境を迎えつつあるのか、検事が夜なかなか帰宅しなくなっているという。これについてある検察幹部は次のように語ったという。

「検事だと帰らない人もまああいます。事件で気合いが入ってくると帰らないっていう。部屋の中に簡易ベッドみたいなの組んで、そこでそのまま寝るだけですからね。でもそういうのは個人の執務スタイルだから。もう、ずっと泊まってる人もいますよ（笑）。労務管理上はよろしくないんだけど、検事って超勤（超過勤務手当）つかないので、そういう意味では問題ない。あとは健康面の問題だけです」

これでは夜回りしても空振りの連続だ。私も昔経験したが、空振りした夜回りの徒労感はこたえる。

そして幹部もピリピリしてくる。H記者の取材に対し、某幹部は、

「もう本当に邪魔。邪魔。邪魔。邪魔。帰った。帰った。帰った。帰った。帰った」

（※超絶不機嫌。どう水を向けても雑談に応じる気すらゼロ→めげない）

（　）の中はH記者の感想。どんな目に遭っても、めげずにやるしかないことをよくわかっている。


亡くなったA上席が残したメモには、我々が把握しているよりもっと重要な事実が書かれているかもしれない。だが、情報取材でこれ以上詰めるのは難しい。やはり現物のコピーを手に入れるのが一番だ。現物はご遺族のもとにあるはずだ。ご遺族にあたってメモを見せていただく。さらに、できればコピーさせていただくことができれば大きな価値がある。取材チームはご遺族取材にも力を注いだ。

A上席は岡山県の出身だ。我々はいろいろとツテを頼って、A上席の父親の自宅と、妻の実家を割り出した。取材チームの記者が、まずは父親の自宅を訪れた。

父親は、息子の死に衝撃を受けながらも、記者の取材に丁寧に応対してくれた。その結果、A上席の人となりがまた少しわかった。A上席が周囲に対し「自分の中の常識が壊れてしまった」

と話していたこともわかった。これはそのまま原稿になって放送された。

だが、最大の狙いであるA上席が残したメモについては、その存在も知らなかった。もちろん見たこともなく、内容も知らない。どうやらメモはA上席の妻の手元にあるようだ。父親は息子の妻とはほとんど交流がないという。取材チームは妻の実家へ向かった。

妻の反応は父親とは正反対だった。一切の取材を拒否。それはもちろんその人の自由なのだが、妻には弁護士が付いていた。この弁護士が報道各社すべての妻への接触をシャットアウトし、実家の前には「私有地につき立入禁止」の立て札が立てられた。ご丁寧に弁護士の名前入りで。弁護士と交渉しようにも、とりつくしまがないという現場の記者からの報告だった。

「弁護士にすごい怒られるんですよ」

この弁護士はいったいどういう人なのか？　調べてみると実に興味深いことがわかった。兵庫県で弁護士登録をして神戸の法律事務所に所属したあと、２００５年（平成17年）から2年間、金融証券検査官（＝法務専門官）として近畿財務局に勤めていたのだ。彼を知る近畿財務局経験者や弁護士仲間の話によると……

・近畿財務局が期限付きの法務専門官を雇ったのは２００３年からで、彼は2代目。彼がいたころに深くつきあっていた職員が、いま近畿財務局の幹部や管理職になっている。

・近畿財務局は連帯感が強く、退任した弁護士たちも送別会や新年会に声がかかって一緒に飲むなど、一度サークル内に入ったら「仲間」という意識。
・彼が金融証券検査官だったころ、亡くなったA氏は理財部上席に昇進したころで、2人は法務面の相談などを通して面識があったはず。
・弁護士として尼崎連続殺人遺棄事件を担当するなど、辣腕として知られる。
・本人は「被害者支援とは遺族保護」と公言しており、遺族の意向を最大限尊重するタイプ。

これをどう考えるべきだろう? 近畿財務局が彼をA氏の妻に紹介したのか? 彼がA氏と旧知の間柄なので、妻の方から彼に依頼したのか? あるいは彼の方がご遺族支援のために自ら代理人をかって出たのか? 彼の意図は何なのか? 財務局の意向に沿ってA氏のメモの内容が表に出ないようにすることなのか? あるいはご遺族の意向で報道各社の記者を遠ざけようとしているだけなのか?

結局のところ、そこはわからなかった。わかったのは、彼がその後、A氏の父親のもとにも現れ、何かを話し、その後、父親の我々記者への態度が硬化したという事実だった。

3月24日に再度、取材チームの記者とディレクターが父親のもとを訪れた。前回、好意的に話をしてくれた父親は、すっかり様子が変わっていた。

「もう来られても困る。家の前にこの弁護士を通すように書いてあるじゃないですか。お帰り頂きたい。遠いところ来て頂いてそこは申し訳ないけども、こらえて下さい。弁護士にすごい怒られるんですよ。何も喋っちゃいかんと。

私には一体何があったのか、何も分からない。何も話すことはないんです。もっと近畿財務局の偉い人に聞けばいいではないですか。こんな遠いところに来るよりも、そちらに取材をされる方がいいのではないですか。今何を話したところで、何も変わらないんです。息子が帰ってくるわけでもない。あなた方は息子をなくされたという訳でもない。私が辛いということも、想像でしかないわけでしょう。お帰り下さい。花は、申し訳ないのでもらっておきますが、もらっても困るんです。もう来ないで頂きたい」

弁護士は、お父さんがよければ取材をしてもよい旨お話しされているとお伝えしても、あの手この手で何とか説得を試みても、頑なに「弁護士に叱られている」と繰り返すばかりだったと言う。

こうしてご遺族の取材は頓挫した。

第11章

「口裏合わせ」の特ダネに圧力再び
〜プロの記者はこうして取材する〜

衆院予算委員会で答弁する安倍首相（2017年2月17日）時事

記者の秘密を公開する

この章で私は、記者の秘密を明かす。2つの意味で。一つは、私がどうやって取材してきたのか、その手法を明かす。これは記者の企業秘密だ。そしてもう一つは、取材先とのやりとりを明かす。これは取材源の秘匿の原則から逸脱する。企業秘密を明かし、原則を逸脱するのは、「プロの記者の仕事への信頼を取り戻す」という、より価値が高いと私が信じる目的のためである。

森友事件発覚から1年あまり。2018年（平成30年）3月、朝日新聞の「財務省が公文書改ざん」の特ダネで、世の中は再び森友事件で盛り上がった。私は、前年3月の「クローズアップ現代+」で絆を深めた同志Uディレクターと、番組を立ち上げようと意見を交わした。志を同じくする東京と大阪の報道番組系のディレクターとプロデューサーが結集した。

3月はパラリンピック特別編成の都合でクロ現の放送がない。そこで代わりに緊急特番を出すことが、一旦はほぼ本決まりになった。ところが、またも横やりが入った。上層部から「まだ事実関係がはっきりしない」だのなんだの、いろいろ難癖をつけられ、3月中の特番は流れた。

4月2日からはクロ現の放送が再開される。では再開一発目のクロ現でやろう！　ところがこれにも難癖がついた。私は遠方からどうなるものかと注視していたが、すったもんだの末、ようやく4月4日（水）のクロ現放送が正式に決まったのは、3月も終わりに近い頃だった。森友事件で2本目のクロ現。またも時間がないぞ！

今回は大阪に加え、東京から政治部・経済部・社会部と、出稿部の記者が大勢取材に加わった。しかし連携したチーム取材ではなく、各出稿部がそれぞれに取材して、それぞれが共有して構わないと判断した情報だけを持ち寄る形である。大所帯で身動きが取りにくい。そして前回と違い報道局幹部の中には、明らかに後ろ向きで、なんとか番組を骨抜きにしようとしている人たちがいると、私やディレクター陣は感じていた。

番組を出すのはいいとして、何も新ネタがないのはさびしい。改ざんは朝日の特ダネだ。何か新情報を付け加えねば。朝日に見事にやられた私は、何とか一矢報いたいとネタを探していた。

そこでキャッチしたのが、前年の2月、森友事件の発覚から間もない時期に、財務省側が直接、森友学園側に「トラック何千台もごみを搬出したことにしてほしい」という電話をかけていたという事実だった。つまり財務省の方が虚偽の口裏合わせを学園側に求めていたのだ。学園側は「そんな事実はないからできない」と断っている。世間の認識とは裏腹に、財務省がうそをつくよう持ちかけ、森友学園側が断っていたのだ。

これは改ざん同様、財務省がいかに行政のルールをねじ曲げていたかを明るみに出す新事実だ。

よし、何としてもこの事実を世に伝えねば。

NHK報道の通常のルールでは、大阪の記者である私は、大阪の司法担当であるYデスクに情報を伝え、そこから必要に応じ東京社会部のデスクなどに伝わっていくことになる。同時に、これだけ重要な情報はYデスクから大阪報道部ナンバー2のS統括に伝えられる。

だが私はこのネタをまず、森友事件の取材で以前から協力している東京社会部のXデスクに話した。Xデスク曰く、「これは大阪では言わない方がいいですよ。大阪のデスクに言ったらすぐに報道局長に伝わってしまう。そうなると、なんやかんやと介入されてネタをつぶされてしまいます」。

言われてみると確かにそうだ。私はこの情報を大阪の幹部には誰にも伝えず、社会部のXデスクとだけやりとりしながら詰めの取材を進めることにした。出稿への道筋はXデスクと、その上司であるK社会部長が考える。そしてK社会部長は、どうすれば小池報道局長にうんと言わせられるか知恵を搾り、「これなら」というタイミングで報道局長に伝え、かけあうのだ。小池報道局長とかけあって出稿を認めさせないと、このネタは世に出せない。そんなことが大阪のデスクや統括にできるはずがない。ここはK社会部長とX社会部デスクに任せるしかない。そして私は、K社会部長が報道局長とかけあうための材料を、Xデスクから言われるままに取材するしかない。どんなにハードルが高かろうが、他に道はない。

相手のプロフィールを把握する

口裏合わせ自体の裏付けは、比較的早い段階で固まった。検察当局がこの事実を把握していることもわかった。当事者の事情聴取をしているのだから当然だ。普通ならこれで充分ニュースに出せるレベルの事実確認である。だが、ことはそう簡単にはいかない。Xデスクは私に言った。

「相澤さん。口裏合わせを求めた当人にあたっていただけませんか？　何らかの言質をとっておかないと、局長を説得できないんですよ」

おいおい、それは、口裏合わせを求めた当人に「あなた、口裏合わせを求めましたね？」と尋ねて「そうです」と言わせろってこと？　そんなの、いくらなんでもハードル高すぎでしょう。言うはずがない。無理でしょう！　Mission Impossible でしょう!!

でも、無理を承知で、無理をしないとネタが出せない。そうしないと上を説得できない。ピカイチの検察記者、K社会部長がそう判断しているというのなら、やるしかない。

絶対認めるはずのない相手に、絶対認めるはずのないことを認めてもらうには、どうしたらいいか？　相手の立場になることだ。相手はどう感じているのか？　どう考えているのか？　どういう話ならするのか？　そういうことを考えて考えて考え抜くのだ。

そのためには、まず相手のプロフィールをしっかりと把握しなければ、考えることができない。

どこの出身で、どこの学校で学び、どういう経歴を歩んできたのか？　どういう性格で、どういう趣味を持ち、どういうことが好きで、どういうことが嫌いなのか？　その人が誇りに思っていること、密かに自負していることは何で、コンプレックスを感じていることは何か？　周囲の人たち、職場の人や仕事上のつきあいがある人、それに家族は、その人のことをどう思っているのか？　こういう情報が極めて重要だ。

しかし、言うは易く行うは難し。こうした情報を実際に収集するのは極めて難しい。なにしろ、今回の取材対象者（仮にZ氏としよう）と私は一面識もない。こういう場合、Z氏の周辺にいる人物と共通の知人がいないか探し、ツテをたぐってたぐって、じわじわと本人に近いところに取材を進めていくのだが、当然ながらそれは多大な時間と労力を要す。私は労力は惜しまないが時間がない。さあ、どうする？

ここで救いの手が、思わぬところからさしのべられた。2番機H記者だ。いや、思わぬところと言うのは失礼か。H記者はいつも何も言わず黙々と仕事をこなす。何をしているのか私は把握していないし、向こうも把握させないが、私が頼まなくても私が必要としていることを察知し、いつの間にかZ氏のプロフィールをすっかり調べ上げていた。私が欲しいと思っていた情報を、ほぼすべて知っていた。いったいどうやって？……いや、それを記者に聞くのは野暮というものだ。要は、事実間違いのない情報さえあればいいのだ。

取材対象者とどうやって接触するか？　今回の対象者、Z氏は、もちろん財務省の人だ。しかし役所で接触しても意味はない。この人は取材に応じてはならない立場だ。周囲に役所の人がいるところで話しかけても、まともに答えるわけがない。役所、およびその周辺はアウトだ。

結局、Z氏が毎日出入りすることがはっきりしていて、周囲に役所の人がいないところといえば、自宅しかない。では自宅はどこか？　情けないことに、私はZ氏の自宅の場所を知らなかった。他社の記者はかなり早い時点でこの人のヤサを割って接触したようだが、私には情報がなかった。ぼやいても仕方がない。自力で割るしかない。

この時もまた、思わぬところから救いの手がさしのべられた。ある人、私が以前から親しくしている人が、Z氏の住所を調べてくれたのである。どうやって？　その方法を私は聞いたが、もちろんここでそれを披露する訳にはいかない。要は、その住所が事実間違いのない情報であればいいのだ。

頭が禿げるほど考え抜け！

さあ、必要な情報はすべてそろった。あとは攻め手を考える。考えて考えて考え抜く。２番機H記者は初任地の師匠から、「何も考えずに取材先に行く記者はアホだ。考えて考えて、頭が禿げるほど考え抜いてから取材に行け！」と鍛えられたそうである。聞きようによっては暴言に思えるかもしれないが、私はこの師匠のことをよく知っている。私の７年後輩の女性記者、Tだ。一緒に仕事をしたこともあり、Tが素晴らしい記者だとよく知っている。そしてデスクとして極めて厳しく部下の記者たちに接することも。

Tデスクに極めて厳しい指導を受けたH記者は、今もTデスクのことが大好きだ。遠くに異動したTのところまでわざわざ会いに行ったことがあるほどだ。厳しい指導が記者を育てるのだろう。私自身、初任地山口で新人1年生の時、強面の先輩記者2人から厳しい指導を受け、それが今の私を形作る基礎になったと感謝している。そして徳島でデスクになった私は、新人S記者をしごいてしごいてしごき抜き、彼は社会部で粘り強い立派な記者になった。S記者は今も私を慕ってくれている……と思う。

これはパワハラを是認しているわけではない。パワハラはダメだ。人をダメにする。では、人を育てる「厳しい指導」と、ダメにする「パワハラ」を分けるものは何だろう？　私は、それは「愛」だと思う。上司の独りよがりの、自分の身かわいさの身勝手な強制ではなく、その人を育てたい、成長させてあげたいという「愛」があるかどうか。それがあれば、一見同じように過酷に接しているように見えても、言葉や態度の中身が違うし、何より事後対応が違う。厳しい指導の後には適切なフォローが欠かせないのだ。それは指導を受ける相手にも伝わり、心をくじけさせず、いずれは感謝の念につながるのだと思う。

でも、私は徳島時代、S記者に愛を感じていたかな？……感じていなかったような気もする……

「考えて考えて、頭が禿げるほど考え抜いてから取材に行け！」

すべての記者が肝に銘じたい金言である。さすがT。もっとも、なぜ考え抜いたら禿げるのかは謎だが……それなら私はとっくに髪がなくなっているはずである。

自宅での接触は朝に

自宅での接触は朝に限る。夜はいつ帰ってくるのかわからない。人は帰宅時間というのは一定しない。まっすぐ帰ることもあれば、残業で遅くなることも、飲みに行くこともある。しかし朝の出勤時間というのは一定していることが多い。私はまず朝の様子を探りに行った。

自宅の目の前はいくらなんでもまずい。ご近所に何者かと不審に思われる。自宅からほどよく離れていて、でも玄関から取材対象者が出てくるのが確実にわかるところ。そういう場所をまず探し、じっと待つ。最初は、何時に出てくるのかわからないから、かなり早い時間からじっと待つ。

Z氏が出てきた。家族と一緒だ。家族を驚かせてはいけないから、Z氏が家族と別れるまで後をつける。もっとも、実はご家族に気づかれていて、おびえさせていたことが後にわかる。

Z氏が家族と別れた。でも、きょうは声をかけない。相手の行動確認が目的だからだ。声をかけずに尾行しながら通勤経路を確認する。どうやって駅まで行くのか？　どの駅から電車に乗るのか？　どこで乗り換えるのか？　どの駅で降りて、どうやって職場に行くのか？　こういったことを、後をつけながら確認する。

その結果、Z氏は職場まで最短経路とは違う経路を取っていることがわかった。まだ1回だけだから、いつもこうなのかはわからないが、何らかの理由で遠回りをしている可能性がある。

30分1本勝負

次の日。2018年（平成30年）4月3日。クローズアップ現代＋の放送日の前日だ。私はこのネタをクロ現に間に合わせたい、クロ現に特ダネの新事実を盛り込んで番組を充実させたいと考えてきた。そのためには、きょう勝負をかけないと間に合わない。Z氏の自宅から職場まで約30分間しかない。1回こっきりの勝負だ。

きのうと同じ時間帯。Z氏が出てきた。やはり家族と一緒だ。だが、きのう下見をしているから、どこで別れるかわかっている。やはり同じところで別れた。さあアタックだ。後ろからすーっと近づいて声をかける。

「おはようございます。NHKの記者の相澤と申します。Zさんですね」

彼は足を止めずにこちらを振り返って、表情を変えずに言った。

「記者さんですか。私は何も言えませんよ」

それはそうだ。役所から口止めされるまでもなく、彼自身、自分がどう振る舞うべきか、よ〜くわかっているはずだ。すでに何人もの記者が取材に来ただろう。そして同じように応じてきた（＝応対しなかった）のだろう。他社の記者はことごとく玉砕したはずだ。そうでなければ口裏合わせのネタはとっくに出ているはずだ。だが私には事前の情報と、考えに考え抜いた手法がある。私は言葉を続けた。

「そうでしょうね。お立場はわかります。ですから私はZさんに何かを話していただこうとは思いません。私がしゃべりますから、少し話にお付き合いください」

私が一方的に話す分には私の勝手だ。彼にも不都合はない。私は彼の横に並んで歩きながらべらべらとしゃべった。何を？ H記者が調べた彼の人となり。そして、これまでどこで何をしてきたのか。

例えば、東日本大震災が起きた2011年（平成23年）、彼は自ら志願して被災地の市の副市長として出向した。出世コースのポストも海外留学の道もあったにもかかわらず。そして被災地で地元の人たちとともに働き、震災取材に来る大勢の記者とも接している。この当時、彼の評判は極めていい。そして本省内でも人望が厚い。

こういう人は本来「口裏合わせ」のような行為とは縁遠いはずである。それなのになぜ？ 役所内で何かがあったに違いない。組織の軋轢の中で、やむを得ず汚れ仕事をするはめになったのだろう、と私は想像した。私も組織の軋轢の中で、不本意な仕事をやらされているとも言える。私は彼に共感した。

私は、彼の経歴や仕事ぶり、周囲の評価をべらべらとしゃべり続けた。彼は私の話をずっと聞いていた。彼にとって都合の悪い話ではないし、むしろ自分の仕事に自負を持っているはずだから、気分良く聞いていてくれたのではないかと思う。別に役所の秘密ではないし、世間話のようなものだから、彼も少しずつ返事を返してくるようになった。例えば電車の乗り換え。先に書いたように、彼は自宅から職場までわざわざ遠回りの経路をたどっていた。電車を乗り換えた際、私は尋ねた。

「Zさん、なぜここで乗り換えるんですか？　手前の駅で乗り換えた方が早いでしょう」

「時間的にはそうなんですけど、あちらの電車は混むんですよ。こちらはもう少しすいているから、こちらに乗るんです」

なるほど、ちゃんと合理的理由があった。納得。誰もがするような何気ない会話を重ねていると、「答えてはいけない」はずの彼も世間話の返事を返すようになってくる。私の狙いはそこだ。彼が心理的に私への心のハードルを下げてくれるように、彼に心地よく思ってもらえる話をずっと続けているのである。

会話の感触が徐々によくなってきた。よし、そろそろ頃合いだ。私はとっておきのネタを繰り出した。

「Zさんは去年の2月20日に籠池理事長に雲隠れを指示する電話をかけたと言われてますけど、そういう電話はしていませんよね。そのことも知っています」

これは、前の年（２０１７年・平成29年）の2月、森友事件が発覚して間もない頃、財務省側が籠池理事長（当時）に、マスコミの取材から逃れるため、しばらくどこかに身を隠すよう求めたと言われていることを指している。籠池氏は事実、この頃数日、自宅を離れ、京都のホテルに滞在した。籠池氏本人が「Z氏に雲隠れを指示された」と話している。だが、実際にはZ氏は雲隠れまで求めていない。籠池氏は直接Z氏と話をしていない。人を介しているから誤解が生じているのだろう。

あえて「雲隠れの指示」に近い発言を探せば、その3日前、2月17日にさかのぼる。この日、森友学園側と近畿財務局の担当者が会っている。本省のZ氏はいない。その日、国会では安倍首相が「関与していたら総理も議員も辞める」と答弁した。これを受けて財務局のI氏が「これからマスコミが押しかけてきて大変なことになりますよ。ホテルにでも避難した方がいいんじゃないですか?」という主旨の話をしている。それは雲隠れを指示したというほどの言い方ではなく、あくまで助言をしたというレベルの話だったようだ。だが、籠池氏にしてみれば「雲隠れを指示された」と受けとめたかもしれない。

一方、Z氏は20日に口裏合わせを求める電話をかけた際、学園側に「これからはワンボイスで」と求めている。これは、マスコミ対応では学園側のスポークスマンを一人に絞ってほしい、籠池氏にしゃべらせずに顧問のS弁護士1本に絞って対応してほしいという意味だ。当時の経緯について後に財務省は報告書で「理事長は出張で不在であるとの説明ぶりを提案した」と記している。

Z氏は雲隠れまで求めているわけではないが、籠池氏に表に出ないように求めている。誤解を招きそうな表現だ。このあたりの経緯をS弁護士が籠池氏に伝える過程で行き違いが生じているのではないかと思う。

そのことを私は、おそらく記者では私だけが、気づいている。この話は、Z氏が雲隠れの指示まではしていないという内容だから、Z氏の心をぐっと私の方に引き寄せるはずだ。そう考えて、ネタとしてニュースに出すことなく抱えていたのである。

ミッション・コンプリート

私の言葉を聞いて、彼はにやっとうなずいた。よし、いまだ！　ここが勝負所だ。私は言葉を続けた。

「でも、別の電話をしていますよね、同じ日に。『トラック何千台でごみを搬出したと言ってほしい』という電話」

Z氏は一瞬立ち止まって、こちらを振り向いた。その表情は、それまでの冷静な顔つきとは変わって、ちょっと驚いたふうに見えた。

「知ってるんだ……」

認めた！「知ってるんだ」というのは、私の問いかけを認めたことになる。だが、ここで終わりにはしない。これだけでは弱い。さらにはっきりと認めてもらわなければ。言葉を続ける。

「Zさんはあの日、そのことをメールで省内の複数の人に報告したでしょう。電話をしたけどダメだったということを報告している。あのメールはいろんな人に送られていますよね。だから見た人は大勢いるわけですよ。検察庁にもあるし」

「なるほどね」

「でも私はZさんが自分からこういうことをしたとは思えないんですよ。いろんな評判を聞くと、なおさらそうです。そういうことをする人じゃない。やはり上司の指示があったわけでしょう。N総務課長ですよね」

「自分の判断でやりました……課長補佐だからね」

「そうですか。課長補佐は実務を担いますからね。私も昔、中央省庁は厚生省（労働省との合併前）を担当したことがあるから、役所の実務を課長補佐が担っていることは知っています。皆さん、そのことに誇りを持っていますよね」

「課長補佐として、自分の判断でやりました」

「検察の事情聴取にもそう答えていると」（もちろん私はそのことを知っている）

「（苦笑いしながらうなずく）」

「中之島の庁舎の17階でしょ。あそこに行ったんですよね。あのフロアは私たち記者は立ち入りできないんですよ」

「そうなんだ」

「そういう場所ですからね。おわかりでしょ」

「（うなずく）」

「もう一度確認しますけど、学園側に電話をしたのが2月20日、月曜日ですよね。なんでこの日にそれをすることになったのかっていうことなんですけど、それは当然、その前があるわけですよね」

「（苦笑して答えず）」

「土日を挟んで2月17日、金曜日……そういうことじゃないですか?」

「(答えず)」

「なぜ財務局に書き換えを指示したり、学園側にこういうふうに話してくれって依頼したりする必要があったかって言うと、17日の答弁を意識してやったんじゃないですか?」

「(しばし沈黙)」

「17日に安倍首相が『関与していたら総理も議員も辞めます』と言ってますよね。あれが大きかったんじゃないんですか?」

「(地下通路の途中で立ち止まって笑顔で)そう思われるよね。……そこは捜査を受ける身なので、答えを控える、ということに」

「ニュアンスはわかりました。それで、お電話は自分の判断だと」

確認としては、もう充分すぎる。上司に言われてやったのでは、というのは真相はわからないが、もしそうだとしてもそれを彼が認められるはずがない。そこで彼は、上司の指示を否定するために思わず「自分の判断でやった」と答えている。つまり、口裏合わせの電話を自分がかけたことを、より明確な形で認めてしまっているのである。おそらくそれとは意識しないまま。

上司は彼に明確に指示はしなかったかもしれない。だが、まさに彼が忖度してやらざるを得ない状況があったのではないか? そんな風に私は想像した。

この後、私は名刺を渡したが、彼は名刺を渡してくれず、携帯の電話番号を尋ねても答えなかった。自宅周辺でお騒がせしたことを詫びると、「凄く目つきの悪い人(!)がいるから誰かと思った。妻が心配していたよ。怖い人じゃないかと。私は『たぶん記者だよ』と言ったんだけど（笑）」。

私たちは和やかな雰囲気で別れた。

Mission Complete. Impossible と思われた任務をやり遂げた。

「そこまで知ってるんだ」

Mission Impossible をComplete した私は、いさんで渋谷のNHK放送センターに向かい、社会部のXデスクに報告した。Xデスクも大喜び。

「完璧じゃないですか。これなら報道局長もダメとは言えないでしょう」

すぐにK社会部長に報告に行った。そして、翌4月4日のクローズアップ現代＋の放送に先立って、4日午後7時からのニュース7で伝えることが決定。合わせてクロ現でも放送することになった。

だが私にはまだ残された仕事があった。それは、ニュースを出すことをZ氏に伝えることだ。Z氏は私がどういう意図で彼のところに来たのか気づいていないだろう。その状態でいきなり「口裏合わせ」のニュースを出したら不意打ちになる。彼は誠意を持って私に応対してくれた。であれば私も誠意を持って彼に応対したい。私は前もってZ氏に通告しておきたかったのだ。

彼に通告するとすれば、その日の夜か翌朝しかないが、翌朝は番組の制作が佳境を迎えるから無理だ。どうしてもその日の夜、彼が帰宅するところを見計らって接触しなければならない。そのためには彼の職場の近くの目立たないところで出てくるのを待ち、ほどよく離れたところで声をかけるのがよい。

だが私はその夜、どうしても外せない用件があり、彼が職場から出てくるのを延々待っていることができない。その時、徳島で私の弟子だった社会部S記者が名乗りをあげてくれた。

「ぼくが待ちますよ。Zさんが出てきたら尾行しながら相澤さんに連絡します。ほどよいところで来てください」

これがS記者の真骨頂だ。自分に何の得にもならないことを自ら率先して引き受ける。他人が嫌がる仕事を黙々と粘り強くやり遂げる。素晴らしい心構えだ。私はありがたくS記者の提案を受け入れることにした。

その夜、S記者はZ氏の職場の近くに待機した。何時間待ってくれたのだろう。彼から携帯にメッセージが届いた。「出ました」それだけでわかる。Z氏が職場を出たのだ。私は刻一刻とS記者から届くメッセージを頼りに、Z氏と接触する場所の見当をつけて、その場所に向かった。

数十分後、S記者と合流。Z氏はすぐそばの店に入っているが、私たちには気づいていない。誰かと一緒なら接触できないが、幸い彼一人だ。そのまま彼が店を出るのを待った。

Z氏が店から出てきた。近づいていくと、Z氏は私たちに気づいて話しかけてきた。

「待っていたの？　悪かったね」

「いえいえ。すみませんがもう一度確認させてください。文書の書き換えを指示するメールが本省から財務局に送られていますが、送り先は●●さんですよね」

「よく調べてますねえ」

「その前には17日の安倍首相の『関与していたら辞めます』という答弁しかないんですよ」

「そこは何とも言えないなあ」

「お立場があるから言いづらいんでしょうけど、財務省関係者の間でそういう話がある、ということならいいですか？」

「そこはお任せします」

「検察の事情聴取を受けたのは去年の年末ですよね」

「（笑いながら）そこまで知ってるんだ」

　私は最後に、あすのニュースで「口裏合わせ」の事実を報じることを伝えた。Z氏は動揺した様子もなく、何も言わなかった。

「どうもありがとうございました。（菓子折を渡そうとしながら）これは奥様にご迷惑をおかけしたので、おみやげに」

「いや、それはいいですよ。妻に怒られる（笑）」

　Z氏は自分からは事実関係を決して言わないが、最後まで誠実に応じてくれた。被災地への出向を志願したことといい、私にはこの人が自ら率先して「口裏合わせ」を求めたとは思えない。人には二面性があるから、いい人が時にまずいことに手を染めることもあるが、やはり上司から何らかの示唆があったのではないか？　明確な指示はなくても、部下が忖度せざるを得ない状況があったのではないか？　そう思えてならない。

公文書改ざんに関与した財務省理財局のN総務課長（当時）は、先日の財務省の人事異動で筆頭参事官の重職に就いた。私は、Z氏のような官僚にこそ、重要な役職について、この国に暮らす人たちのために力を振るって欲しいと切に願う。

クロ現で放送されない⁉

さあ、こうして「口裏合わせ」のネタは日の目を見ることになった。もう大丈夫。私は安心していた。ところが放送当日、4日の夕方、社会部Xデスクから電話がかかってきた。声が焦っている。

「相澤さん、放送が出せないかもしれません」

「ええっ、なんで？」

「民進党（当時）のO議員がなぜか永田町で『きょうNHKが森友の特ダネを出すから見ろ』と言って回ってるらしいんですよ。そのことが政治部を通して報道局長に伝わって、局長が『野党に情報が漏れている』と激怒しているんです。今、K社会部長が懸命に説得していますから、ちょっと待ってください」

また小池報道局長か。私がO議員に漏らしたとでも思っているのだろうか？　だが、私は民進党に知り合いは何人かいるが（他党にも与党にもいるが）、O議員は会ったことも話したこともない。なぜ彼がそのことを知っているのかは知らないが、私には思い当たるふしがあった。その少し前、旧知の永田町のフリージャーナリストが私に電話してきた。

「相澤さん、きょうニュース7で森友の特ダネやるの？」

私はその問いには答えず、逆に問い返した。

「どう聞いているの？」

「森友で特ダネ出すんだけれど、原稿にロックがかかっているから見られないって」

NHKの原稿システムは、報道に携わる職員なら全国どこからでもすべての原稿が見られるようになっている。ただし秘匿性の高い内容の場合はパスワードをかける。これをNHKの人間は「密をかける」と呼んでおり、「原稿にロックがかかっている」とは、そのことを指しているに違いない。誰かが情報を漏らしている。

でも、それは珍しいことではない。政治部の記者であれば、政治家および政界関係者と情報交換しなければ商売にならない。私はそれが一概にいけないことだとは思わない。政治部出身の小池報道局長もそのことは重々わかっているはずだ。なのにこの言動。何かを理由にこのネタをつぶしたがっているとしか私には思えなかった。しかしもう私にできることはない。私はやるべきことをした。あとは本物の事件記者、K社会部長に頼るだけだ。

ニュース7の放送まであと10分ほどという追い込んだ時間になって、ようやく社会部Xデスクから電話がかかってきた。

「相澤さん、部長が頑張ってくれました。ニュース7に出ます」

私は心底ほっとした。だが、そのあとに続くXデスクの言葉に衝撃を受けた。

「クロ現にはこのネタは入りません。O議員が『ニュース7にもクロ現にも出る』と言っていたので、報道局長が『野党議員の言うままに放送できるか！』ということで、クロ現での放送は流れました」

私は、クロ現に新ネタを出したいという一心でここまで取材してきた。そして間に合った。なのに、クロ現に出ない？　私はどうしても納得できなかった。ニュース7で放送するのにクロ現で放送しないという理屈はないだろう！

担当記者・ディレクターと幹部が集まる編集室で私は荒れた。

「なんでこのネタをクロ現に出さないんですか。私はクロ現に新事実を出そうとして努力してきたんです。なぜこれを落とすんですか！」

誰も反論できない、と思いきや、なんと、大阪のS統括が反論してきた。

「私たちはそんなこと聞いていませんよ。これを出さないというのは決定事項です」

……あなたが信用できないから言わなかったんですよ。だからあなたは知らなかったんです。あなたは大阪報道部のナンバー2だ。だったら大阪の記者の味方をすべきでしょう。大阪の記者の立場に立って東京と闘うべき立場でしょう。あなたがやったのは真逆だ。東京の立場を代弁し、大阪の記者をないがしろにした。

私の「口裏合わせ」ネタは出た。一応。ニュース7の一番最後の項目で。特ダネなのに、その日の暑さのニュースより後に、さりげなく目立たない形で。私は憤懣やるかたなかったが、社会部Xデスクが耳打ちしてきた。

「相澤さん、ニュースウォッチ9の編集責任者に売り込んでおきましたから。9ではきちんとやります」

事実、ニュースウォッチ9では、項目の順番も扱いの分厚さもニュース7とは雲泥の差だった（ちなみにこの時の編集責任者は今の社会部長）。私としてはそれで満足するしかなかった。そして予感した。

「いよいよ、次の人事では何かあるな」

それでもネット上では、この日のニュースを見て評価してくれる記載が多かった。中には「NHKのこれまでの報道姿勢を許したる」という趣旨の記載があった。視聴者には伝わった、わかってもらえたというのが心底うれしかった。やはり努力は無駄ではなかった。


しかし、これくらいの変更は、まだかわいいものだった。番組は上からの圧力で、もっと根源的なところで骨抜きにされる寸前だった。

最大の焦点となったのは、亡くなった近畿財務局のA上席についての扱いだった。経験豊富で手堅く、曲がったことが嫌いだったというA上席の人となり。なぜ彼は亡くなったのか？　独自取材で様々な経緯がわかってきていた。これらを番組の冒頭で、取材班のPD（＝ディレクター）・記者が最も訴えたい事実として伝えたい。

そして前の章で触れたように、彼が残したメモには麻生財務大臣の名前が書かれていた。それも「嘘つきだ」と指摘する形で。当初ニュースにしなかったこの部分についても、番組では出したい。VTRでの表現は「麻生財務大臣の国会での発言に疑問を呈する趣旨の言葉も書かれていました」という形にするが、その真意をスタジオで社会部デスクがきちんと解説するという構想だった。

ところが、「クローズアップ現代＋」のM編集長は、なぜか、A上席の話を番組の冒頭にもってくることを頑なに拒否した。明確な理由もなく、不自然なまでに。それどころか、「公文書管理の新たな取り組み」などという、番組の本筋とは直接関係のない話を入れるよう求めてきた。こんな話を入れれば、その分、取材班が最も訴えたい話が圧縮されてしまう。編集長のこうした姿に担当PDたちは、背後にいる、ある人物の姿を感じていた。NHK報道部門のトップに立つ小池報道局長の姿を。

おかしな介入はさらに続く。この番組では、政治部・経済部・社会部の各出稿部からデスクが一人ずつ、計3人がスタジオに出演するという演出案になっていた。政治部が官邸、経済部が財務省、社会部が法務検察と財務局関連と、それぞれ違う担当分野を取材していたからだ。実は大阪報道部も大阪地検特捜部など最も重要なところを取材していたが、そこは社会部デスクが代わりに話すことになっていた。ところがM編集長は、演出上の都合を理由に、スタジオの出演者から社会部デスクだけを外すと言い出したのである。

しかし社会部デスクには、A上席が残したメモの意味合いについてスタジオで詳細に説明するという役割があった。

「これはA上席のメモをそもそもVTRから落とすための画策ではないか？」

現場のPDはもちろん、その上司のチーフ・プロデューサーたちも怒りをあらわにし、M編集長をつるし上げた。

「どういうことですか！　社会部だけ出演を外すなんて、現場は納得しませんよ！　どうしても外せというなら、業務命令を出してください！」

詰め寄るPDたちにM編集長はたじたじとなり、「ちょっと持ち帰らせて」と言い残して、いずこかへと立ち去った。だが現場のPDたちは、みな思っていた。

「あれは小池報道局長のところにお伺いを立てに行ったんだ。編集長なのに、すべては小池局長の意向を受けて動いているんだよ」

しばらくして戻ってきたM編集長は言った。「業務命令は出さない。演出はもとのまま、社会部デスクもスタジオ出演ありにする」

結果はそれでよかったのだが、PDたちも私も全員ずっこけた。「だったら最初からおかしなことを言い出すなよ。それでなくても時間がないのに……」

この時はみな、M編集長が小池報道局長にお伺いを立てたのだと思っていたが、実は違うようだ。報道局長にお伺いを立てれば「ダメ」と言われるに決まっているし、かと言って業務命令で突っぱねれば現場が混乱して収拾がつかなくなると、悩みに悩んだ末、M編集長自身の判断で演出をもとに戻したらしい。彼も最後は意地を見せたのだが、放送後に小池局長から厳しく叱責されたという話も聞く。

この M編集長と私は、20年あまり前、彼がまだ一線のPDで、私が社会部記者だったころ、一緒に医療保険制度改革をテーマにNHKスペシャルを取材・制作したことがある。その時の彼は若くはつらつとして、生き生きと仕事をしているように見えた。一方、編集長となった彼は表情がうつろで、生気が感じられず、私は一瞬、同一人物かどうか目を疑ったほどだ。歳月の移ろいは残酷だ。立場はかくも人を変えるものなのか……。

「ニュース7」と「クローズアップ現代+」。双方に対する、あまりにも露骨な圧力とごたごた。私はそれまで31年間のNHK報道人生でこんなことを経験したことがなかった。現場のPDたちも口々に「異常事態だ」と話していた。私が長年たずさわり、鍛えられ、愛してきたNHKの報道が、根幹からおかしくなろうとしている。そんな危機感を感じる番組作りだった。

※この章のZ氏とのやりとりについて、私は2018年（平成30年）11月に再度Z氏に会いに行き、この本でどのように書くつもりかを伝え、意向を尋ねた。彼は「相澤さんの判断通りでいいですよ」と答え、内容について一切口を挟まなかった。おかげで私はこの章を書くことができた。これも彼の人となりを示すエピソードだと思う。

第12章

強者《つわもの》記者列伝～5本の指に入る記者と、もう一人の優れもの記者～

夜の通天閣

朝駆け・夜回り・打ち合わせ（呑み屋）……努力は人を裏切らない

ここで話を少し脱線させて、記者の取材一般について話をしたい。経験の浅い記者、若い記者にありがちなのは、自分が聞きたいことをダイレクトに相手に聞いてしまうという失敗だ。取材相手というのは大抵、記者が来た瞬間に、何を聞きに来たかをわかっている。そして大抵の場合、それは相手が答えてはいけない話だ。そういう相手にダイレクトに聞きたいことを聞いても、答えないに決まっている。だからダイレクトに聞いてはいけない。私はＮＨＫにいた時、常々若い記者に次のように言ってきた。

「夜回りや朝駆けで、自分が聞きたいことをすぐに相手に聞くな。相手が聞きたい話をしろ。そうやって関係を築いていけば、いつか必ず相手の方から『おまえ、本当はこれを聞きたいんだろ』と言って話してくれる。それが本当の信頼関係だ。そこにたどり着くまで、聞きたいことを聞くな」

私も昔はこのことがわからなかった。聞きたいことをダイレクトに聞いて、何度も玉砕してきた。何度も何度も失敗を重ねる中で、30年かかって、ようやくこの境地に達することができた。

ところが中には、こうしたことを若いうちから本能的に会得している記者がいる。私が出会ったNHKの後輩記者に限っても5人いる。私が「こいつにはかなわない。自分が同い年だった時のはるか上をいっている」と脱帽した、5本の指に入る記者をご紹介する。

まずは1人目。25年前に神戸放送局で出会ったM記者。私の5年後輩だが、新人の時から信じられないような困難な取材相手から信頼を勝ち得てきた。尼崎市議会の議会ぐるみの不正出張事件では、保守系市議に食い込み、出直し市議選で彼の選挙運動の裏の裏をすべてオンカメで撮ってきた。記者2年目には姫路駐在で、短大の裏口入学問題や、某町長の選挙違反事件で特ダネを連発し、町長逮捕時の出頭映像も警察署前で押さえた。

1994年（平成6年）、私とともに兵庫県警担当になると、私たちはまさに一心同体となって取材した。当時の私たちの日常。早朝から朝駆けへ。そのまま兵庫県警本部へ。日中は本部の各課や所轄署を回って警察幹部との関係強化。日が暮れると夜回りへ。なるべく複数箇所を回ろうと欲張るし、捜査員の帰りも遅いので、勢い我々の戻りも遅くなるが、夜回り後は綿密なる情報交換と業務打ち合わせが欠かせない。呑み屋で。何軒も。熱心さの余りカウンターに突っ伏して眠り込んでしまう。目覚めるともう朝の5時。よし、このまま朝駆けに行くぞ！　店に回り車（朝駆け夜回り用のチャーター車）を呼んで出撃！　以下同様に繰り返す……

そして迎えた1995年（平成7年）1月17日。阪神・淡路大震災。1週間、兵庫県警本部に泊まり込んで被害情報を書き続けた。犠牲者が1000人、2000人、3000人、4000

人、あっという間に5000人を超えた（他府県や関連死も含め6434人）。信じられない思い。我々が愛した神戸の街は壊滅したんだ……あの時、神戸は戦場だった。

県警本部で私は彼に語りかけた。

「俺たちがやってきた夜回りも朝駆けもすべて無駄になったな。これからは震災報道一色だ。サツネタなんて誰も見向きやしない」

これを聞いて彼はすかさず、横にいた他局からの応援の後輩記者に言った。

「おまえらに俺たちの気持ちがわかるか！」

5000人の犠牲者が出ている時にかわすセリフではないが、私は間違っていた。努力は無駄ではなかった。これはネタが取れるとか特ダネを出すとかそういう目先のことではなくて、努力したことは自分の血や肉となって一生の財産になるということだ。あの頃の努力、兵庫県警で、大阪府警で、他社の猛者たちとしのぎを削ったからこそ、私は森友事件の取材ができたのだと思う。努力は人を裏切らない。

M記者と私は、神戸という戦場でともに闘った戦友だ。彼は東北地方で今も記者をしている。彼も私もあれからいろいろあったが、私たちの絆は生涯変わらないだろう。

デスクの仕事は記者を取材すること

2人目の優れものは、東京・社会部で出会った、3年後輩のN記者である。阪神・淡路大震災とオウム事件が起きた1995年（平成7年）、私と同時に社会部に来て、NHKが借り上げた世田谷区池尻の自宅マンションの部屋がお向かいさん同士だった。そして社会部2年目に、当時社会部の管轄だった多摩報道室で一緒に仕事をすることになった。初顔合わせの時に彼が言ったセリフ。

「相澤さん、これから1年一緒に仕事をする間に、いずれ一緒に特ダネ出したいですね」

こういうことをさりげなく言えるのは本物だ。しかも彼は有言実行した。

当時、多摩で最大の取材テーマは、なんと言っても日の出町のごみ処分場問題だった。多摩地区の大半のごみの最終処理を一手に引き受けるごみ処分場が日の出町にあった。27の市と町（当時）で作る処分組合（一部事務組合）が管理し、東京都庁からの出向者が中心になって運営していた。処分場は満杯が近づき、新たな処分場が近くに計画された。ところが既設の処分場から汚水が漏れているのではないかという疑念が持ち上がり、地元住民らによる反対運動が広がって訴訟になった。汚水は本当に漏れているのか？　そして処分場建設の行方は？　これが重要な取材テーマだった。

我々の多摩勤務も終わりに近づいた1997年（平成9年）7月、N記者は決定的な情報をつかんできた。

「汚水はやっぱり漏れている。処分組合の調査で判明した」

この情報はまだ明らかにされていない。ニュースとして出すには、処分組合幹部からの裏取り（確認取材）が必要だ。処分組合幹部の取材は私の担当だった。

私は早朝、通い慣れた幹部の自宅に向かった。出勤のため自宅を出た幹部にぶらさがる。一緒に駅まで歩きながらさりげない会話を交わす。一緒に電車に乗る。電車内ではつっこんだ話はできない。電車を降りて処分組合の事務所まで一緒に歩くところが勝負所だ。私はN記者の情報を持ち出した。

「汚水漏れのデータがありますね。処分組合の調査で判明したでしょう」

「それは……」

「こちらは確実な情報を持っているんですよ。今夜のニュースで出すつもりです」

ここまで決めつけられると、向こうとしても認めざるを得なくなる。

「それはそうなんだけど、ちょっと違うんですよ。処分場の水が外に漏れていることを示すデータはあります。でも環境基準は超えていないんですよ」

「問題ないと言いたいんでしょうけど、漏れてることは事実でしょ。処分組合はこれまで『汚水漏れはない』と言い続けてきたじゃないですか。住民に嘘をついたことになる」

「我々も今回の調査までわからなかったんです。いずれきちんとさせますから」

「いずれにせよ、NHKでは今夜のニュースでやりますから」

そして実際ニュースに出た。特ダネだ。翌日の新聞各社はほとんどが後追い記事を書いてきた。ところが朝日新聞だけ書いていない。なぜだろう?

その日の日中、処分組合は記者会見して汚水漏れの事実を認めた。会見が終わった後、朝日の記者が幹部に食い下がっていた。

「問題ないって言ってたじゃないですか！」

あ〜あ、謎が解けた。幹部に確認に行って「あれは問題ない」と言いくるめられたんだ。幹部がすんなり認めるわけはないのに。結果として1社だけ後追いせず、恥をかくことになった。かわいそうに……

それはいいが、N記者のおかげで私は一緒に特ダネの美酒を味わうことができた。多摩を離れても彼との親交は続いた。彼は警視庁担当になったが、当時の社会部の上層部に疎まれたのか、優秀な記者なのにわずか4年で社会部を出て北海道警キャップとして札幌に赴くことになった。その1年後、今度は私が徳島のニュースデスクとして赴任することになった。道警キャップはデスク格だから、私はN記者にデスクの心構えを聞きに札幌まで会いに行った。一緒に酒を酌み交わしながら、彼がデスクの先輩として語った言葉。

「相澤さん、デスクの仕事は記者を取材することだよ。記者から本音を聞き出せるように取材することだから。記者の仕事と変わらないから」

私はこの金言を今も大切にしている。この男は本物の記者だ。その後、彼は神戸局のデスクとなり、私は大阪府警キャップや事件デスクとなって、JR福知山線の脱線事故などでともに仕事をした。さらに彼は社会部に戻って宮内庁担当になり、天皇陛下に密着するドキュメントを作って関係者を驚かせた。今は人事にいて記者の勤務制度改革などを担っている。後輩たちが働きやすくなるように力を振るってくれよ。

「あんたの判断は間違ってる！」

3人目の優れもの記者は、2000年（平成12年）、私がニュースデスクとして徳島に赴任して出会った、当時2年目のH記者。徳島局に3人いた警察担当の2番機だったが、とにかく取材力があり、重要な捜査情報をことごとくつかんできた。だが彼の真骨頂はそこではない。まだ20代前半だったのに、取材というものへの信念を明確に持っていて、納得できないことにはとことん突っかかってくるし、デスクの言うことでも従わない。

ある時、私が彼の取ってきた情報の取り扱いをしくじって、ネタとして生かせなかったことがあった。その時の彼の私へのセリフ。

「あんたの判断は間違っている！」

記者として12年先輩の、デスク（つまり上司）である私に、あんた呼ばわり。これが彼の真骨頂である。私は素直にお詫びするしかなかった。

また、ある時、秋田町（徳島市の呑み屋街）の店でサツ担記者3人とサツ担デスクの私の計4人で飲んでいる時、局内のニュースセクションの他の部署から記者がどう見られているかという話になった。すると彼は、自分たちがいかに毎日夜回り朝駆けを繰り返して努力を積み重ねているかが充分理解されていないと憤りだし、しまいには悔し涙を流しながら「あいつら何にも知らないんだ。俺は悔しい！　納得できない！」と叫んだ。いささか酒が進んでいたこともあるが、とにかく熱い記者魂を持った男だった。

彼はその後、東京社会部で検察担当として鳴らした後、国際部やマニラ駐在などを経て、今は九州沖縄地方でニュースデスクをしている。私は彼のようなデスクのもとで取材をしたかったなあ。でも、最近少し人間が丸くなったのではないかと心配だ。いつまでもとんがっていて欲しい。

危うい一面

4人目は2004年（平成16年）、私が大阪府警キャップをしていた時に金沢から異動してきたN記者。彼には生活安全部を担当してもらったが、彼を一言で言い表すなら「オヤジ転がし」である。

男社会の今の日本では、社会や組織で重要な地位を占めているのはある程度年配の男＝オヤジが多いから、取材ではいかにオヤジから情報を得るか、いかにオヤジの信頼を勝ち得て友達になれるかが重要だ。「オヤジ転がし」とは、こうしたオヤジたちの心にすーっと迫り、親しくなり、かわいがられ、信頼され、情報を得られる記者を指す私の造語である。彼は天性の「オヤジ転がし」だった。とにかく重要なポジションにいるオヤジたちに好かれる。結果、重要な情報が得られる。「オヤジ転がし」が得意な女子もいるが、男子にもいる。別に金銭を使うとか、ずるいことをするわけではない。とにかく話の運び方が上手で、相手に好かれ、信頼されるのである。

私も彼のことが好きで、彼を信頼し、取材以外でもよく2人で飲みに行った。彼はいい店をよく知っている。私の持論の一つ。「いい記者はいい店を知っている」まさにその通りだった。彼が連れていってくれる店はどこもいい店だった。ある日、彼と飲みながら、私はふと気づいた。「俺も転がされてる。こいつ、俺まで転がしている！」だが、いいではないか。そこが彼の良さなのだから。

彼には危うい一面もあった。自分の取材力に自信たっぷりだったので、独断専行で突っ走るところがあった。そして、きわどい情報を取ってくるのだが、そういうきわどいネタは往々にして取材先とのトラブルを招きやすい。だが、こうしたことは「できる」記者にはつきものだ。上司がしっかり彼をハンドリングして突っ走りすぎないようにすればいい。そして取材先とのトラブルも、できる記者ほどつきものだから、そういう時は上司が乗り出して相手と交渉すればよいのだ。よほど間違ったことをしでかしていない限り、事はいずれ収まる。だが、こうしたことを面倒がってしない上司だと、とんでもない結果を招く。

その後、N記者は東京社会部に異動して活躍し、数年で大阪報道部の中堅記者として戻ってきた。その時、まさに恐れていた事態が起きた。有名なクローズアップ現代「出家詐欺」事件。彼はその主役だ。取材手法が厳しく問われ、事実上の懲罰人事で記者から外された。これは、やらかしてしまった以上、やむを得ない。

だが、あの事件は彼だけの責任ではない。彼に危うい一面があることはわかっていたのだから、そこをきちんとコントロールできなかった上司の方にむしろ責任があると思う。だから私は、2～3年も経てば彼を記者に戻してやってほしいと願っていた。しかし3年が過ぎても組織はそうはしていない。もったいないと思う。彼のような記者は上司がしっかりしていればものすごい力を発揮できるのである。辞めた私が言うのもなんだが……

自己アピールをしない記者

そして5人目は、この本でも何度か登場している、私が大阪司法記者クラブにいた時の2番機H記者である。異動してきて早々に特捜部長から重要情報の言質をとって私とT報道統括を驚かせた話はすでに書いた。森友事件をはじめ、検察取材で数々の成果を上げている。裁判取材でも、原発再稼動をめぐる訴訟などで力を発揮した。だが、それだけでは私の「5本の指」には入らない。驚かされたのは、その取材手法。一切誰にも何をしているかを悟らせず、黙々と取材を重ねて、いつの間にか大きな成果をあげるその手法である。そして何より取材先との信頼関係を大切にする。自分の特ダネを捨ててでも大事にする。

「私はこんなに頑張ってます、こんなに成果を上げてます」と自己アピールに走る記者が目に付く中、そういうことを一切せず、黙々と自分の仕事に励むというこのやり方を、どこで身に付けたのだろう？　いや、天性のものなのだろう。だが、自己アピールをしないだけに、周囲の理解がないと、まっとうな人間ほど損をするという羽目になりかねない。

H記者は、私がいなくなった後、司法キャップになった。1番機だ。自分が取材するだけではなく、後輩記者たちの面倒をみて取材方針を考えねばならない立場だ。私も若くして兵庫県警キャップを任されたから、若くして重責を任されるプレッシャーはよくわかる。私の時は、当時神戸でサツ担デスクだった鎌田さん（今はＴＢＳの番組に出ている）が素晴らしい先輩で、うまく私を導いてくれたので救われた。Ｈ記者もそういう環境に恵まれるよう願う。

ある女性記者に起きたこと

さて、ここまで５本の指に入る記者を紹介してきた。最後にもう一人、この５人に劣らず、むしろ凌ぐかもしれない優れもの記者をご紹介したい。なぜ５本指の記者と別枠なのかは後に示す。女性で、名前をＭ記者とする。

Ｍ記者は初任地が神戸で、私が兵庫県警キャップをしている時に1年生だった。当時から群を抜いてネタが取れたが、彼女の特徴は自分の仕事を誇示しないことである。本当の優れものは仕事を誇示しない。

阪神・淡路大震災の時は、交通機関も通信手段も麻痺する中、自分のスクーターで手書きの原稿をひたすら兵庫県警本部から神戸局まで運んでくれた。そして私が神戸を去った後の１９９７年（平成９年）、あの神戸連続児童殺傷事件で、少年Ａの逮捕情報を特ダネとしてキャッチしたのがＭ記者だ。だがＭ記者はそのことも誇示することなく、淡々と仕事を続けた。この事件をきっかけに犯罪被害者の方々に寄り添って取材をするようになり、その関係はずっと続いている。この事件で名をなしたＭ記者は東京の社会部に異動したが、その時の上司のあまりの無能さに嫌気がさして（当時さんざん愚痴を聞かされた）国際部に移り、さらにロンドンで4年間をすごした。それから、出身地の大阪に異動したM記者は司法キャップとなった。ここでも抜群の取材力を発揮し、重要な検察情報をことごとく取ってきた。その後、大阪局内の遊軍記者となり、遊軍デスクだった私の部下となった。

ここでM記者は、もう一人の女性記者とともに発達障害の特集シリーズと番組を手がけた。この番組は関西の優れた報道に贈られる坂田記念ジャーナリズム賞を受賞している。そして……悲劇が起きた。

ある日、M記者は、ミャンマーからの難民についての取材を、朝の全国ニュース「おはよう日本」でリポートするため、東京・渋谷のNHK放送センターに出張していた。その夜、北新地のバーで飲んでいた私の元に、おはよう日本の編集責任者から電話があった。「M記者がセンターで倒れました。救急搬送されて病院にいます」

M記者には持病があった。それは神戸時代からわかっていたことで、私も上司として本人から話を聞いていた。その持病は、万一に備え健康状態に留意しなければならない病気だった。だが普段は何の症状もない。だから私はそのことを失念していた。気をつけねばならないことを忘れていたのである。記者は自営業者的な側面がある。何を取材するかを自分で判断して決め、勤務時間も自分で決めている部分がある。だから私はM記者の勤務実態をほとんど把握していなかった。そしてM記者は倒れた。

M記者のお父さんを連れて、タクシーで深夜、東京に急行した私は、搬送先の病院で医師から告げられた。「非常に深刻な状態です。命が助かるとは思わないでください。助かったとしても重篤な障害が残ります」

取り返しのつかない事態。その後、M記者の勤務実態を調べた私は愕然とした。記者の勤務実態は勤務時間の記録だけを見てもわからない。記者は自分で勤務時間を入力するから実態を必ずしも反映していない。報道端末へのアクセス時間などを調べて初めてわかる。倒れる前、3週間の勤務実態は過酷なものだった。泊まり勤務の時に台風が来て一睡もできず、そのまま翌日も取材があって勤務を続ける。発達障害の次のシリーズ企画に向けて沖縄出張をする（この時のロケは遂に日の目を見なかった）。そしてミャンマー難民の取材をし、東京でリポートを制作する。もっと気を使うべきだった。だがもう取り返しがつかない。

M記者について労災申請が出た。私は労働基準監督署に呼ばれて事情聴取を受けた。そこで私はありのままに話し、労災を認めてほしいとお願いした。労災は認められた。それは、私の勤務管理に問題があったという証だ。

その後、M記者は奇跡の回復を見せ、困難なリハビリの末、職場に復帰した。だがやはり障害は残った。もう報道現場の仕事はできない。私は優秀な記者を一人死なせたようなものだ。M記者もご両親も何も苦情を言わないし、むしろ感謝さえしてくれるが、その事実は動かない。

次の人事異動で私は管理する部下のいない職場に異動した。名ばかり管理職だ。そして私は、管理職になった２００３年（平成15年）以降、15年間、一度も昇進昇給しなかった。その理由がM記者の件と関係があるのかどうかはわからない。だが、私はそれは仕方のないことだと受け入れている。だから私は記者として現場で取材を続ける道を選んだ。ＮＨＫはそうさせてくれた。記者を続けられる限り、私はそれでよかったのだ。そうさせてくれなくなるまで。

第13章

個性豊かな検事たちとの愉快なやり取り

山本真千子・前大阪地検特捜部長　共同通信社

大阪地検の抵抗

ドタバタの中で「口裏合わせ」の特ダネを出した前後、2018年（平成30年）3月から4月にかけて、大阪地検特捜部の捜査も山場を迎えようとしていた。森友事件発覚からすでに1年以上が経過している。あまりにも長い時間がかかっている。捜査はどうなっているのか？　近畿財務局の担当者らの背任容疑は立件できるのか？　できないのか？　背任以外の証拠隠滅や公文書変造などの罪はどうか？　すべて不起訴か？　一部でも起訴できるのか？　取材すべき項目は多岐にわたった。

東京サイド、法務省や最高検からは、「捜査はもう終わり」「全員不起訴」という決め打ち情報が流れてくる。東京社会部の記者を通して我々大阪の記者にも伝わってくる。ほんとにそうか？　私や2番機H記者が大阪地検・高検で取材して得ている感触は違う。幹部にも一線の検事にも、何とか立件できないかと道を模索している人がいる。だが、そうではない後ろ向きの捜査、つまり不起訴にするための捜査をしていると思われる節もある。例えば、あの値引きはもっともだったという主旨の調書を取ったりしている。いったいどっちなんだ？

前年（２０１７年・平成29年）の5月から7月にかけて、籠池夫妻の詐欺事件の捜査の時もそうだった。「早くやれ」「すぐやれ」と迫る東京サイド（法務省・最高検）。記者にも盛んに「着手は近い」と流す。ところが大阪サイド（地検・高検）は慎重で、じっくり捜査を煮詰めなければ着手できないと抵抗し、結局は大阪の意向に近い形で捜査は行われた（ように見えた）。

今回、東京サイドは「捜査はもう終わり、全員不起訴で終わり」と大阪に迫り、記者にもそう流す。だが大阪サイドには前向きに捜査を進めたいと考えている人がいて、実際、関係者の事情聴取などの捜査もまだ盛んに行われている。東京と大阪の意向は、前年も今回も食い違っているように見える。普通なら上級庁である東京の意向が勝つ。だが前年は現場を抱える大阪が押し切ったように見えた。ならば今回も「やりたい」という大阪の一部の意向が通る可能性があるのではないか？

これはむしろ私の願望だった。大阪地検特捜部が何とか頑張って背任を立件し、背後にある真相を追及してほしい。大阪特捜ここにありの気概を見せてほしい。記者は取材対象に同化しがちだ。私もそうだ。大阪特捜は8～9年前、厚生労働省の事件をしくじって、あげく証拠改ざん事件が発覚し、信用を失墜した。ならば森友事件をやり遂げることで信用を回復してほしい。まして今回は財務省の公文書改ざんまで発覚している。少なくともこれはやらねばダメだろう。改ざんで失墜した信用を改ざんで回復してほしい。私は心の底からそう願っていた。

しかし、願いが強すぎると取材をしくじる。私は自分に言い聞かせていた。願望は願望として、実際には捜査はどうなっているのか、事実を追究しなければ……。

だが取材は困難を極めた。現場の検事に捜査方針の全容が知らされていないのだ。彼らはまさに歯車の一つとなって、自分が与えられた捜査だけをしている。それがどういう意味を持っているのかを知らされていない。そして報告は常に、捜査現場を仕切るI主任検事にだけ行う。その内容は、I主任検事から副部長へ、さらに特捜部長→次席検事→検事正へと、縦の決裁ラインをたどっていく。横の連携は許されていない。これでは、捜査方針などの全容がわかるのは、縦の決裁ラインにいる人だけだ。そして副部長以上の幹部から生の情報を取ってくるのは極めて難しい。とすれば、狙うべきはI主任検事だ。そして、この人の取材担当は私だった。

主任検事のもとに通う

私の取材の常として、まず取材対象者の人物像を調べる。財務省のZ氏の時と同じだ。経歴や人となり、好みなどを調べ上げ、攻め手を考える。I主任検事は極めて真面目で堅物、仕事は緻密にこなすという評判だ。そして、記者への取材対応は極めて厳しい、と言うより、まったく応じない。

こういう人は難しい。少なくとも私は苦手だ。人間誰しも相性というものがある。私は、くだけた人間の方が得意だ。I主任のようなタイプは2番機H記者の方がはまるかもしれない。だが、取材対応が極めて厳しいと言われている人を後輩に押しつけるわけにもいかない。

Ｉ主任の取材が難しい理由はもう一つあった。彼の自宅は他の役所の人も住んでいる合同官舎なのだが、そこには地検高検幹部のお歴々も住んでいるのだ。この人たちは私が日常接しているから、私の姿を見れば誰かの取材に来たとすぐわかる。でも幹部に聞くようなネタはないから、じゃあ誰のところに来たんだ？　となって、取材先がバレてしまう。それはマズい。

私は朝、官舎の近くでＩ主任が出てくるのを待ちながら、他の幹部が出てくるとコソコソ身を隠し、来ていることがわからないようにしていた。ところがある日、地検でＵ次席検事と面談している時、次席がこう切り出してきた。

「ところで相澤さん、けさ官舎に来てたでしょう」

その通り。私は官舎に行っていた。だが、Ｕさんに見られないように隠れていたのに、どうしてわかったんだろう？

「ええまあ。でもＵさんに見られないようにしていたつもりなんですが、どうしてわかりました？」

「私が見たんじゃないよ。他の役所の人が見ていて、教えてくれたんだよ」

なるほど。その官舎には他の役所の人も大勢暮らしている。その人たちは私と接点がないから、私は見られても構わないと思って隠れずにいた。いちいち隠れていたらキリがないということもある。だが……

「他の役所の人だったら私のことを知らないと思いますが、どうして私だとわかったんでしょう？」

「それはいろいろあるわけよ」

ここで私は気づいた。しまった！　U次席にはめられた。他の役所の人は私のことを知らないが、朝方官舎に来て誰かを待っているのは記者に決まっている。その人はUさんに「どこかの記者が来ていたよ」と教えたのだろう。それでUさんは、それが私だろうとアテをつけて確認するため、もうわかっているふりをして話題を振ったんだ。そして私は、もうバレていると思い込んで認めてしまった。つまり、私がいつも取材で使っている手法にまんまとはまってしまった！

さすが元特捜部長。やるなあ。

でも彼はそれ以上追及せずにいてくれた。おそらく私がI主任に接触しようとしていると気づいたと思うが、それ以上事を荒立てずに穏便に済ませてくれた。それをいいことに私は引き続き通い続けた。


私が初めてI主任に接触したのは前年（2017年・平成29年）の9月。籠池夫妻の詐欺事件の捜査が終わったころだった。彼は背任事件の担当だ。朝、彼が官舎から出てきたのを見て追跡する。官舎のそばですぐに声をかけては、それこそ検察幹部のお歴々に見られかねない。少し離れた路上で声をかける。

「おはようございます。初めまして。私、NHKの記者をしています、相澤と申します」

名刺を差し出す。名刺を受け取らない人もいるが、この人は一応受け取ってくれた。だが……

「取材対応は部長のところへどうぞ。私のところに来ても何も話せませんから」

はい、そうですよね。よ〜くわかっておりますよ。財務省のZ氏もそうだったが、取材に来た記者にすんなりと話すわけがない。だから彼の反応に構わず、私は横に並んで歩きながら一方的に世間話を続けた。だが、官舎から最寄り駅までそれほど距離はない。せいぜい10分くらいか。しかも彼は長身で早足だ。わざと早足なのかもしれない。あっという間に時間は過ぎる。その間、彼は何も言わず、反応せず、黙って歩き続けた。最後に私に「もう来ないでくださいね」と言い置いて、駅の構内へと消えていった。何の成果もなし。でもまあ、こんなもんでしょう。面識のない検事との最初の接触としては、まだましな方だ。堅物で礼儀正しいということがよくわかった。

それから私はI主任のところに何度か通ったが、相変わらず何の成果も得られなかった。打つ手なし。どうしよう? 少し手を変えないといけない。そんな時、ある追加情報が得られた。

大阪の観光名所、黒門市場に、I珈琲店という由緒ある珈琲の名店がある。実はこれが彼の実家なのだ。今も彼の兄弟が店をやっている。これはおもしろい。どういう店なのか、実際に行ってみよう。モーニングの時間帯に訪れてみた。評判通りのいいお店だ。珈琲もサンドイッチもうまい。I主任の兄弟とおぼしき男性がカウンターの内側にいる。だがもちろん名乗り出たりはしない。黙って様子を見ていただけだ。店の歴史を記した掲示なども見た。

次にI主任のもとを訪れた時、彼は相変わらず早足で歩きながら、いつもと違う反応を見せた。相変わらず「何も言えませんから」と言った後、やや笑みを浮かべて次のように続けたのだ。

「いつも朝早くから大変ですね」

これは初めての反応だ。ちょっと感触が変わってきた。これは、I珈琲店の話を出してもいけるかもしれない。私は「いえいえ、これが私たちの仕事ですから」と答えたのに続けて、店の話題を出した。

「黒門のI珈琲店に行きましたよ。いいお店でした。Iさんのご実家だそうですね」

こういう話題が奏功する場合としない場合がある。彼の場合はしなかった。明らかに反応が変わった。「とにかくもう来ないでください」と言い残して立ち去った。

そしてその日の夕方、2番機H記者が山本特捜部長と面談した際、部長からこう言われたという。

「相澤さんが熱心なのはわかるんですけど、あまり目に余ると私も対応せざるを得なくなりますので」

これは、I主任が部長に、私が来たことを通報したということを意味する。これはしばらく冷却期間を置くしかないな。失敗だ。

出禁が怖くて記者がつとまるか

大阪地検では（どこでもそうだと思うが）、記者対応は原則として部長以上の幹部がする。副部長以下、ヒラ検事には直接取材してはならないということになっている。検察庁の一方的なルールで。

だが、そんなことに従っていては取材にならない。よって我々はヒラ検事にも取材に行く。ところが、ヒラ検事は記者の取材を受けたら上司に通報しなければならないルールになっている。我々はこれを「ツウされる」と呼ぶ。実際には人によって「ツウ」したりしなかったりするが、「ツウ」されると幹部によっては出禁（出入り禁止）などの制裁措置に出る。山本特捜部長はそれほどでもなかったが、人によっては1回ツウがあっただけで即、出禁だ。出禁になると、日中の部長面談取材ができなくなるから、はなはだ不便になる。

だが、出禁が怖くて記者がつとまるか！　というわけで、それでも行くのである。とはいえ、明らかに態度を変えた相手に対し無理押ししても意味はない。それはストーカーのようなもので、相手に嫌われるだけだ。だから、いったん冷却期間を置くのである。特捜部長の出禁の脅しに屈したわけではありませんから……でも先方はそう思っただろうな。それでいい。

I主任はなぜ態度を変えたのだろう？　私が彼の極めてプライベートな事柄、実家のことを持ち出したので「危険だ」と感じたのではないか？　それで、これは部長に通報しておいた方がよいと思われたのではないか？　ご本人に確認したわけではないからはっきりとはわからないが、そういう可能性はある。プライベートな情報は親密になるきっかけになることもあるが、相手を警戒させることもある。もろ刃の剣だ。

記者の間では、検事は一般には「もっとも取材しにくい相手の一つ」とされている。理由はいくつかあるが、その一つとして司法試験に合格したことにプライドを感じている人が多い。生半可な知識と経験しかない記者が近づいても、てんで相手にされない。10数年前、大阪で司法担当をしていたO記者は、私の前で涙ながらに訴えた。「司法試験に合格したって、そんなに偉いことですか！」よっぽど手厳しい対応をされたのだろう。その悔しさはよくわかる。よくわかるが、そんなこと言っても始まらないよ。その彼も東京社会部を経て、今は立派な某局のニュースデスクだ。

そういう厳しい相手だが、彼らも人間だ。攻め手はある。彼らも人間だという原点に立ち返るのだ。彼ら同士の間では軽口もたたくし、飲みに行ってくだを巻いたり酔いつぶれたりもする。人を好きにもなるし嫌いにもなるし、人間くさい一面があるのだ。

私はいつも取材先の人となりを調べる。そうすると人間くさい一面が見えてきて、攻め手が見つかることがある。

記者嫌いの女性検事

女性幹部のT検事はとにかく記者嫌いで、とりつくしまもない。最初は2番機H記者が担当していたのだが、担当になって1か月ほどで「担当を変えて下さい」と言ってきた。黙々と取材に励むH記者がそう言うのだから、よっぽどなのだろう。私は自分がT検事の担当を引き受けることにした。

実際に会ってみると、なるほど、なかなか大変だ。幹部だから面談には応じるが、会っている間、延々と記者批判を展開される。そんな時、私はいつも別のことを考えていた。

「この人にも若い時があって、誰かに好かれたり好きになったりしたことがあったんだろうなあ。どういう相手だろう？　どういう恋愛をしたんだろう？」

恋愛は人間の最も尊い感情だと思う。そこには人間の本質が現れる。だから、そんなことを考えていると、記者を嫌うこの人のこともそれほど嫌みに感じなくなるから不思議だ。

そんなある日、私はT検事のことで、とある情報を得た。

「Tさんの夫は神戸で弁護士をしているが、Tさんは夫にべた惚れだから夫の元を離れたくなくて、京都地検に勤務している時も片道2時間近くかけて神戸から通っていた」

ここまで書いていいのかな？　でも検察内部ではかなり知られた話のようだから構いませんよね、Tさん。いい話だし。

とにかく、この話を聞いて私はT検事の攻め手を見つけた。ほら、やっぱり人間くさい人じゃないか。人間くさい人には、人間くさく攻めなければ。一番人間くさいのは……けんかだ。私はT検事にけんかを売ることにした。私はけんかっ早いと思われているが、実は自分からは滅多にけんかを売らない。売られたけんかは買うが、この時は私から売った。

ある日、いつものようにT検事が記者批判を展開している時、私は言った。

「Tさんが記者を信用していないのは、よくわかりましたから」

T検事は強い口調で言い返してきた。

「いつ私がそんなことを言いましたか!?」

「いやいや、言わなくてもわかりますよ。Tさんのお話を聞いていればわかります」

ここでT検事はきっぱりと言い切った。

「私は記者を信用しません」

やった、成功だ。彼女は今、本音を言った。検察幹部が口にすべきではない本音を言った。私は彼女に本音を言わせたかったのだ。本音を言う人はいい人だ。そして本気のけんかをすると、人間同士、仲良くなれることがある。一般的には少年漫画の世界、男と男の間で起きることとされているが、女性相手でも起きることがある（常にというわけではないから要注意）。だが、それには事後対応が大切だ。けんかをしっぱなしではダメだ。

そこで私は次のように返した。

「それはわかります。記者にもろくでもないのがいますからね。Tさんもどこかでとんでもない記者に巡り会ってひどい目にあったんだと思います。大阪の司法記者を見回しても、確かにいかがなものかという記者がいる。Tさんが信用しないとおっしゃるのもわかりますよ」

T検事は意表を突かれた表情を浮かべた。てっきり私がさらに反撃してくると思っていたのだろう。だが私はT検事の言うことを受け入れた。共感を示した。これが大切だ。そして、私がその時に語った内容は、うそや追従ではなく、真実、私が思っていたことだった。

この一件があって以降、T検事の私への対応は変わった。そしてある日、刑事裁判ネタである新聞に抜かれた際、担当の弁護士がわからず、後追いができないことがあった。弁護士がわからなければ検察に聞くしかない。

私はT検事のところに行った。

「きょうの●●新聞に……という件を抜かれたんですけど、内容が確認できないんですよ」

「ああ、その事件。報告が来ていたな」

彼女は応接セットから立ち上がって自分の執務机のところに行き、置いてあった報告書を手にした。そして独り言を言うように、その内容を読み上げた。私は何も尋ねていない。彼女も私に話しかけていない。ただ独り言を言っただけだ。私はたまたまその独り言が聞こえただけだ。それで充分だった。記者クラブに戻り、原稿を書いた。横にいたH記者が尋ねてきた。

「相澤さん、この情報、どこで裏を取ったんですか？」

「ああ、検察庁」

「検察庁って？」

「Tさん」

「ええ〜っ、どうしてそんなことができるんですか⁉」

H記者は心底驚いていた。どうしてあの人から、というわけだろう。

「あの女は官舎に住まない」

調子に乗ってもう少し脱線する。T検事は山本真千子特捜部長と同期だ。ご本人曰く、「真千子とは仲良しだから」……山本部長の方もそう思っているかどうかは確認していない。

山本特捜部長は官舎に住まず、自分の（所有か賃貸かは知らないが）マンションに住んでいる。検事は頻繁に異動するが、山本部長はどこに行っても官舎に住んだことがないと評判だ。ある日、私はT検事に尋ねた。

「真千子さんは（ご本人には決してこんな風に呼びかけないが）どうして官舎に住まないんでしょうねえ？」

するとT検事はまたもきっぱりと……

「あの女は官舎に住まない」（本当にこう言いました）

確かに。私が山本特捜部長の人柄を一言で表すとすると「姫」である。「姫」が官舎に住むわけがない、そして、姫に無礼なことをしてはならない。ところが私は、たびたび無礼な振る舞いに及ぶ。だから敬遠される。取材先に敬遠されたらアカンだろう！　と自分に突っ込むが、そういう性分だ。

前年（２０１７年・平成29年）７月、読売新聞が「籠池夫妻逮捕へ」を書き飛ばし、私が「上限額聞き出し」の特ダネを出したことはすでに書いた。その後、読売もＮＨＫも特捜部を出禁になった。でも私は納得いかなかった。読売のは書き飛ばしだ。私のはれっきとした特ダネだ。出禁になる筋合いはない！

７月31日の籠池夫妻逮捕の記者レクのあと、山本特捜部長は各社記者の個別面談を受け付けた。私は特捜部長室の前に乗り込み、他社の記者や特捜の事務官たちの目の前で山本部長に抗議した。

「出禁になる筋合いはありません。誤報を書いた読売と一緒にしないでほしい！　すぐに解除してください!!」

だめですね。無礼ですね。打ち首獄門ですね。それからしばらく、私は山本特捜部長のところに行くのを自粛した。出禁なのに自粛もないだろうと思われるかもしれないが、山本部長の出禁は「夕方の庁舎での部長個別面談を受け付けない」というだけで、通勤経路での朝駆け夜回りは受け付ける。だから実害は少ないのである。これは部長によって変わるので、今がどうかは知らない。

いずれにせよ山本特捜部長とは、礼儀正しい2番機H記者が良好な関係を築いている。彼女に任せればよい。私の出る幕はない。

そして迎えた年末。地検幹部と司法記者クラブの忘年会があった。先方は検事正、次席以下、すべての部長が出てくる。私はたまたま山本特捜部長と向かいの席になった。私の隣には、経験の浅い某新聞社の若手記者がいた。私は山本部長と一通り話をした後、遠慮して何も話していない隣の記者に言った。

「あとはあなたが部長と話をしろよ。私はもういいからさ」

そう言って席を替わった。すると山本部長が、

「相澤さんって、結構いい人なんですね」

そうなんです。やっとわかっていただけましたか。いい人なんです。だが、特捜部長の担当はH記者。私が必要以上に出しゃばってはいけない。私は嫌われ役でいいのである。記者同士、役割分担が大切だ。

幹部との面談

まだまだ脱線は続く。大阪地検は、6人の部長のうち3人が女性だった。私の司法キャップ着任時は山本真千子特捜部長、例のT検事、そしてS検事の3人。T検事が異動してS検事が後任になり、S検事の後任にはK検事が来た。この人も女性だ。女性部長3人体制は変わらず。ちなみにT→S→Kという玉突き人事は何度も繰り返しているらしい。

山本部長、T部長、S部長、K部長の4人のうち、T部長とK部長は、「女傑」という言葉がふさわしい。タイプは違うが、個性の強い豪快な女傑というところが共通している。そして山本特捜部長とS部長は「姫」。いずれにせよ4人とも個性が強く印象深い。

T部長は「忙しすぎて生理が止まっちゃったよ（大笑）」などと普通に口にする。K部長は10歳年上の夫が神戸にいるが、ほとんど一緒に暮らしていない。「いいのよ、これが気楽だから」と言う。そして大酒飲み。だが私は、実は彼女らが非常に女子っぽく繊細であると思っている。例えばT部長は常にスカートをはいている。パンツ姿を見たことがない。K部長は豪快にふるまいながら、時に色っぽい仕草を見せる。

一方のS部長。ある時「Sさんは私と同い年ですね」と言ったら「女性に年齢のことを言うものじゃありません」と、やんわり上品にたしなめられた。やはり姫だ。姫には面談を申し入れてもいろんな理由をつけてしばしばかわされた。本当に忙しかったのかもしれないが、じらされているかのようだった。そんな時、私は総務部長だったKさんのところに行く。するとK部長、「あら、私のところに来るなんて、よっぽど暇なのねえ（総務部にネタはない）。またSさんに振られたの？」

「そうなんですよ。また振られちゃいました（笑）」

総務部長は時間にゆとりがあるから（暇だから、と書くと怒られる）結構長い時間話し込むこともあった。そう、私は彼女らとのやりとりを楽しんでいたんだと思う。彼女らは4人とも私とほぼ同世代だ。部長になるということはそういうことだ。女性の年齢を明示すると叱られるので控えるが。

いい加減、自粛することにする。逮捕されかねない。

なにか私が女性幹部とばかり面談していたように思われるのも心外なので、男性幹部との出来事も記すことにする。

森友事件が発覚する前、2016年（平成28年）12月に、当時の大阪地検のU検事正、T次席検事と司法記者クラブとの忘年会があった。これは、私がU検事正に飲み会を持ちかけたら「個別の社とはしないが、記者クラブ全体とならする」と言われたので、ちょうどクラブの幹事社だったから企画したものだ。そのことは他社には伝えていないが。

地検のトップ2人が来るというので、クラブの加盟社全社から記者が参加して結構な人数になった。座敷に座っての飲み会で、全員が検事正・次席と話ができるように途中で席を替わった。

この席で私はT次席と初めてじっくり話をした。T次席の担当は別の記者だったので、それまであいさつ以上の話をしたことがなかった。どういう話をしたのか忘れてしまったが、しばらく話し込んだ後、T次席がいきなりすっくと立ち上がって私の方を指し、部屋全体にとどく声で言った。「この人は本物の記者だ」

正確な文言は忘れたが、おおよそそういう意味の言葉だった。これには驚いた。だいたい他社の記者がいる前で、広報対応をする次席検事がそんなことを言ったらまずいでしょう。でも、だからどうということもない。私はそれ以降、T次席のところに時折面談に行くようになった。

私がT次席と面談する時、もちろんネタは聞かない。幹部にそんなことを聞いても無意味だということはすでに書いた。では何を話すのかというと、一例をあげると、他社の記者が何を聞いてきたかをネタにする。

例えば2018年（平成30年）4月4日に「口裏合わせ」の特ダネを出した2日後の面談。この時、Tさんはすでに地検から異動して大阪高検の次席になっている。この特ダネについて、Eさんという国会議員が「特捜部長がネタ元だ」と何の根拠もなくネット上に書いたことで波紋が広がっていた。

次席　「（会うなり）NHKさんのおかげで大変ですよ」
相澤　「すみません。特捜部長の件ですね」
次席　「それですよ」

相澤「法務省にやたら問い合わせの電話が来ているようですが」
次席「うちにもじゃんじゃんかかってるんですから。『クビにしろ』だとか『守秘義務違反だ』とか」
相澤「私が悪いわけじゃありませんから」
次席「それはわかってますよ。Eさんが悪い。でも国会議員だから、何か根拠があるんじゃないかと見られますからね」
相澤「各社もきのう来てるんじゃないですか?」
次席「来てますよ。きのうもきょうもわんさか。それでNHKさんのニュースの内容を聞くんならまだいいけど、『特捜部長はどうなんですか?』って聞いてくるんですよ(うんざりした表情)」
相澤「たまりませんね。ところで特捜で異動になった人はどうしてるんですか? 一時残留ですか?」
次席「そんなことできませんよ。みんな異動先に行きました」
相澤「I主任も堺支部に行った?」
次席「それは地検内のことだから、どうにでもなるので、どうですかね」

こういう感じで幹部との面談は進む。ネタを聞いているわけではないが、これで充分役に立つのである。たとえば、4日の特ダネについて検察内で悪い評判はないことがわかる。各社の動きもわかる。

ちなみに、2016年の忘年会で検事正だったUさんは「激カタ」と評判だった。面談に行くとにこやかに話をするが、決して捜査に関する話はしない。そもそも笑顔だけれど目が笑っていない。だから他社の記者も敬遠気味だったが、私は結構まめに通った。U検事正は、いつ行っても帰り際に必ず笑顔でこう言う。

「私のところに来ても何もありませんから」

それに対し私は毎回こう答える。

「いえいえ、いいんですよ。また来ますから」

記者に対しカタいと評判のUさんも、捜査では結構攻めるタイプだ。かつて特捜検事時代に、横山ノック大阪府知事の強制わいせつ事件や朝銀の事件で強気に攻めたという。U検事正はその後、札幌の検事長になり、さらに大阪の検事長として戻ってきた。U検事長のもとでなら大阪特捜も背任事件をできるのではないかと私はひそかに期待していた。少なくともブレーキをかける側には回らないだろうと。激カタだったが、私は結構好きだった。

第14章

急転直下の検察捜査、財務省は全員不起訴
～そして私は記者を外された～

NHK大阪放送局「ニュースほっと関西」（2018年5月31日）

「全員不起訴」の飛ばし記事

特捜の捜査はどちらに転ぶのか？　明確にはわからないまま時が過ぎていく。背任はふつう企業で起きる。会社に損害を与えて、自分はキックバックなどの利益を得る。もしくは融資先が危ないことを知りながら自分の失敗を隠すために融資を続ける、といったケースだ。

公務員の背任事件は珍しい。公務員が背任行為をする場合、大抵はお金がからむ。すると贈収賄事件になる。単なる背任事件は珍しい。だが先例がないわけではない。検察幹部の中にも、困難は困難だが最後まで立件の道を探ると気概を見せる人もいた。起訴か不起訴か、まだどちらともわからない、というのが、4月半ば時点での私の判断だった。

そんなある日、毎日新聞が「全員不起訴へ」という記事を書いてきた。こんな記事が出れば、早朝からたたき起こされ裏取りに走る。だが幹部にあたっても「まだ、そんなこと決めてないよ。毎日お得意の飛ばしだろ」。

全面否定だ。幹部が否定するから本当に違うとは限らないが、山本特捜部長も全社取材に来た中で完全否定した。どうやら本当に違うようだ。部長の囲み取材が終わった後、各社そろって声を合わせた。「毎日は我々とは違うルールで記事を書いてくる。お得意の飛ばし記事だ。無視したらいい。まともに相手にしていられない」

少し解説すると、毎日新聞は時々このような憶測記事を飛ばしてくることがあると、業界では見なされている。不起訴の方向性を東京サイドが連呼する中で、どうせ最終的にはこうなるだろうという見通しだけで、まだ最終的に決まっていないのに記事を「書き飛ばした」のだろうというのが、各社および検察幹部の見立てだ。だから「毎日お得意の飛ばしだろ」という発言になる。

毎日新聞の名誉のために言うと、毎日は時々ものすごい特ダネを出す。考古学のねつ造事件しかり、クボタ工場周辺のアスベスト被害しかり、世間を揺るがすような特ダネだ。アスベストは実際に被害者救済のための新法ができるなど、世の中を動かした。素晴らしい仕事だと思う。そして私も実際に毎日新聞の素晴らしい記者たちを知っている。それだけに、こうした飛ばし記事が出るのが残念だ。検察幹部から「あれは毎日の社風」とまで言われているのである。本当に残念だ。

私がトライしていたI主任検事は、2018年（平成30年）4月の定期人事異動で大阪地検堺支部の副支部長に転じた。が、捜査の真っ只中に主任が動くはずがない。異動は発令されたものの、そのまま特捜部に残って仕事を続けていた。堺には発令後の歓迎会に出席しただけで、まったく顔を出していないという。いったいいつまで残るのか？　それがわかれば捜査の終わりのメドがわかる。

だが1か月がたち、5月になっても一向に堺に行く気配がない。2人しかいない副支部長が長期間欠員では困るというので、応援の検事が副支部長役で入っていた。これは本格的だ。腰を据えて捜査している証だ。関係者の事情聴取も5月になっても続いている。いったいいつまで捜査するのか？　そして、どちら向きの捜査なのか？　起訴か？　それとも不起訴か？　さすがにそろそろ方針が決まる頃だ。

相変わらず東京からは「捜査は終わり。全員不起訴」という情報が流れてくる。だが大阪では、まだ何とかしたいという雰囲気が、5月前半ごろまでは感じられた。それがかすかに残っている限り、私は可能性に賭けたいと思っていた。やはり、これは希望的観測からくる願望だ。

それが変わってきたのが5月半ば。端緒はH記者が聞いてきた情報、というより感触。これまで捜査に前向きと感じられた人の反応が、明らかにこれまでと違う。何かおかしいな、あきらめたのかなと感じさせる雰囲気があった。ようやく方針決定したのか？　やはり起訴は無理なのか？　そう思い始めた矢先、大阪版で読売新聞が「不起訴へ」と書いてきた。

これは先月の毎日新聞の記事とは違う。何か根拠を持って書いていると感じさせた。しかし大阪で確実な裏が取れない。もうちょっと我慢しよう。そこへ東京社会部から「東京の当局から裏が取れたから書く」と言ってきた。ずっと協力してきた間柄ではあるが、ちょっと待って。大阪ではそういう確認は取れていない。だから書くなら法務省・最高検クレジットで書いてほしい。大阪地検特捜部は、というクレジットは使わないでほしい。

もちろん私は、この種の原稿を大阪特捜のクレジットなしで書くことなどありえないと百も承知で言っている。不起訴の原稿を止めるためにあえて言ったのだ。そしてこの時は止めることができた。しかし捜査が最終局面にあることは間違いない。周知のとおり、結局5月31日に全員不起訴処分となった。急転直下の結論だった。この変化は、何かがあったのだと思う。

結果的には、読売が書いた時、「不起訴へ」と書いても間違いではなかった。でも私は、あの日不起訴原稿を出さなくてよかったと思っている。私たちの取材に大阪の検察ははっきり「もう不起訴で決まりだ」とは言わなかった。たぶん事実上決まっていたはずだが言わなかった。私たちは自分たちの取材結果に忠実に精一杯の報道をした。それでいい、と言うより、それしかできない。

「記者を外す」の通告

この取材合戦のさなか、5月14日に、私は「記者を外す」という内々示を受けた。

どこの組織でも異動の内々示は非公式なものだろう。ふつうは上司が部下をちょっと呼んで「君はここに行くから」と告げるだけのものである。しかしこの時、取材中だった私は、大阪報道部のA報道部長に電話で呼ばれた。大阪局最上階の局長応接室に午後6時に来るようにと。行ってみると、報道部長だけではなく、報道担当のK副局長もいた。私は局長応接室で、2人の幹部と向き合う形で内々示を受けた。まるで正式な異動内示のようだ。

「次の異動で考査部に行って頂きます」と告げたA報道部長は、続けていきなり謝り始めた。

「不本意なことになって申し訳ありません。東京の人事が決めたことで、私にはどうしようもないんです。不本意だと思いますが、本当に申し訳ありません」

前から思っていたが、この人はいい人なんだと改めて感じた。異動について上司が部下に謝る必要などないし、むしろ今回は謝らない方がいい。私が人事に文句をつけるとしたら、その材料にされかねない。でも、この人は謝らずにはいられなかったのだろう。彼は年次的には私の2年後輩だ。

私は前年7月の「上限額聞き出し」の特ダネの時から、次の異動で何かあるかもしれないと予感していた。さらに翌8月、[※]東住吉冤罪事件の主役、青木恵子さんを主役とするNHKスペシャルを、制作局のディレクターとともに提案して正式に採用が決まった時、報道局の幹部がNHKスペシャルの事務局に内容を問い合わせるなど介入してきた。担当プロデューサーが、なぜそんなことを聞いてくるのか尋ねると、その幹部は言ったそうだ。

「[※]提案票にある相澤記者の名前に、報道局長が反応している」

※東住吉冤罪事件……1995年（平成7年）、大阪市東住吉区で起きた住宅火災を舞台とする冤罪事件。火災で住人の少女が亡くなったのは、母親の青木恵子さんが内縁の夫と共謀して保険金目当てで放火し、娘を殺害したのだとして警察に逮捕され、裁判で無期懲役の刑がいったん確定した。青木さんは無実を訴え続け、弁護団の実験で自白通りの方法では放火ができないことがわかり、再審＝裁

判のやり直しが決まって青木さんは20年ぶりに獄中から出て、その翌年に無罪が確定した。
※提案票……ＮＨＫの報道番組はディレクターが内容を提案票に書いて提案し、採否が決まる。取材にあたる記者が一緒に提案票に名前を連ねることもある。

この時は制作局のプロデューサーが「相澤さん、安心してください。私たちは報道局と関係ないから、まったく気にしていません」と言ってくれたので、番組を無事出すことができた。しかし、森友事件とまったく関係のないこういう番組にまで報道局長が反応してくるのだ。これはいよいよ次の人事で何かあると予感を強めた。

だが、その時点で私が予想していたのは、大阪を出されてどこか地方局に行かされるという異動だった。実際、年末の部長面接で異動の希望を聞かれた私は、もちろん大阪で記者を続けることを望んだが、Ａ報道部長から「もしも異動があるとしたら、大阪を出て記者を続けるか、大阪に残って記者以外の業務につくか、どちらを選びますか？」と聞かれて、「記者を続ける方を選びます」と答えていた。たぶんこのことが、内々示の時に部長が謝る理由の一つになったのではないかと私は推測している。

私は、異動でよくないことが起きることを覚悟していた。それでも実際に内々示を受けると心騒ぐものがあった。「私は組織に切られたんだな」という思い。これまで取材先の人が、組織に貢献したのに組織の都合で切られていく姿を何度か目にしてきた。だからそういうことが世につきものなのはわかっている。それでもそれが自分の身に起きたとなると、やはり話は別だ。私は黙って思いを巡らせていた。ここで何を言っても仕方がない。組織は、私を外すという強い意志を持ってこの人事を決めたのだ。不平不満を言おうが抗議しようが変わるはずがない。だから何も言うつもりはない。

黙って聞いていた私に、報道部長は拍子抜けしたのだろうか、「何か言いたいことはありませんか？」と水を向けてきた。私がこの人事に不満がないはずはないとわかっているからだろう。しかし私は「何もありません」とだけ答えた。するとここで、報道部長の横にいたK副局長が言った。

「これからは考査の仕事に専念してもらう」

業務に専念するのは当たり前のことだ。しかし普通はそんなことをわざわざ内々示の時に言わない。それをあえて言ったのは「二度と報道の仕事に関わるな。関わらせない」というメッセージだと受け止めた。そこまで話を聞いて私は言った。「もう帰ってもいいですか？」

その夜は前から、籠池氏の取材を通して親しくなったフリーライターの赤澤氏と、共通の知人のテレビ番組制作会社社長と、3人で飲み会を予定していた。その会場に直行した私は2人に告げた。

「来月の人事で記者を外されることになっちゃいました。だからNHKを辞めます。記者を続けられる職場に転職します。どこかいいところがあったら紹介してください」

それから数日、私は取材先の人に会うたび、同じセリフを繰り返した。そして日刊ゲンダイに、私の人事についての記事が出た。この記事で異動のことを知って、NHK大阪放送局の前で抗議行動をする団体、東京のNHKに抗議の申し入れをするグループが現れた。そのことがまた記事になって反響がどんどん広がっていく。

労働問題が専門の旧知のI弁護士は、「相澤さん、不当配転で訴訟を起こそう。大弁護団を結成するよ」と電話で伝えてきた。とてもありがたい申し出だが、私は丁重にお断りした。裁判を起こしても決着するまでには相当な時間がかかり、その間は記者をできない。それに仮に勝ったとしても、裁判で争った組織がまともに私を記者として使うとは思えない。「記者を続ける」という観点からすると、訴訟は意味がない。

それにそもそも私はそれどころではなかった。だって、特捜部の背任捜査が佳境を迎えているのだ。NHK大阪報道部で検察取材ができるのは、事実上、私と2番機H記者の2人しかいない。私はそれじゃなくても猛烈に忙しいのだ。こんな時に背後から鉄砲撃つようなマネするんじゃない！　と言いたかった。

それでも狙った特ダネ

異動の内々示から2週間、怒濤の取材が続いた。だが「不起訴へ」は読売新聞に書かれてしまった。こうなったら最後に狙うのはただ一つ、実際に処分が出た後の「全員不起訴処分になった」の一報だ。

もはや不起訴になるとわかっている以上、不起訴決定の速報にどれだけ意味があるかと言えば……一般の視聴者にとってはほとんどないだろう。だが私はＮＨＫの記者だ。テレビの記者はそういう速報にこだわるのである。

そして迎えた5月31日。私は、告発されていた全員の不起訴処分が出たという確実な情報を得た。さあ出稿だ。こういう時、ＮＨＫの記者は速報用の短い一報原稿を出す。

「森友事件で財務省関係者全員を不起訴　大阪地検特捜部」

ＮＨＫのテレビ画面に速報スーパーが流れた。まだどこも報じてはいない。そして数十分後、特捜部から会見実施の連絡が各社に回ってきた。

これが、ＮＨＫでの私の最後の特ダネとなった。さして意味はないと感じつつも、誰も報じていない重要な事実をいち早く伝える。それが記者だ。そしてＮＨＫ記者として最後の日となった6月7日、この件でA報道部長から取材特賞を受け取った。賞を受けた私は、大阪報道部のフロアで「最後まで全力を尽くしました」とあいさつしている。副賞は図書カードである。

ちなみに4月4日の口裏合わせの特ダネには、小池報道局長から報道局長特賞が出ている。全国のＮＨＫの報道部門を束ねるトップが出す賞だ。副賞も現金が振り込まれる。この賞が東京から大阪に送られて私の手元に届いたのが5月25日。これは、私を記者から外す人事が正式に示された、内示の日である。どこまでも皮肉な巡りあわせだ。

5月31日の不起訴処分の日。最後の仕事は特捜部長の記者会見だ。私はこの日の午後6時10分からの関西向けのニュース番組「ニュースほっと関西」で、不起訴についての記者解説をスタジオですることが決まっていた。だから私はこの会見で、山本真千子特捜部長から、解説で使える言葉を引き出そうと考えていた。特捜部の会見はテレビカメラを中に入れさせない。だから発言内容は私がスタジオで再現するしかない。

不起訴にした理由を長々と説明する山本特捜部長。告発されていた人数は多く、容疑罪名も背任だけではなく公文書変造など多岐にわたるから、勢い説明は長引く。その間、メモは後輩記者に任せて、私はひたすら考えていた。どういう質問をすれば特捜部長から効果的な言葉を引き出すことができるか？　考えて考えて、頭が禿げるほど考え抜くんだ。

そして会見中に内容を決めて質問した。

「この事件の捜査には国民の大きな期待と注目が集まっていましたが、全員不起訴という結論で終わりました。このことを特捜部長としてどう考えていますか？」

山本特捜部長は答えた。

「必要かつ充分な捜査を遂げた結果、真相を解明し、それが犯罪になるかどうかを判断して不起訴にしました」

真相を解明したと言った！　ここを突っ込むべきだ。

「真相を解明したとおっしゃいましたが、その真相は明らかにできるのですか？」

「関係者の名誉やプライバシー、捜査の内容に関わるため、それは明らかにはできません」

結局、明らかにできないんじゃないか。だから起訴すべきなんだ。起訴して公判になれば、特捜部が集めた膨大な証拠はすべて法廷に出される。そして公判廷で明らかにされる。有罪かどうかは裁判官が判断すれば良い。そのための刑事裁判だ。特捜部は過去に無理矢理の起訴を繰り返してきたのに、今回に限って無理矢理の不起訴で証拠を闇に葬ったんだ。私はそう感じていた。

NHK最後の仕事

会見が終わったのは午後5時近かったと思う。解説まで1時間しかない。それまでに解説コメントを考えなければならない。大阪局に戻り、猛烈な勢いでコメントを練る私。このコメントはデスク任せにはできない。森友事件をもっとも熱心に取材し、もっとも深く探り、もっとも多くのことを調べてきた私。特捜部長の会見にも出てやりとりをした私自身が書かねばならない。

コメントは放送前にデスクがチェックする。必要に応じて書き換える。だが私は平気だ。書き換え前のコメントは頭に入っている。スタジオに入ってしゃべり始めれば、生放送だ。もう止められない。自分の信念に基づき、思う通りに話すぞ。テレビ記者歴31年、アドリブで話すのはお手の物だ。

解説コメントはおおむね以下の通りだ。

キャスター「スタジオには森友学園の問題発覚当初から取材にあたってきた相澤記者です。相澤さん、発覚から1年3か月あまりがたつ中で余りにも多くの疑惑が次々と出ていましたが、検察は何をどう判断したんでしょうか？」

相澤　「捜査の焦点は大きく2つありました。一つは、国有地を大幅に値引きしたことが犯罪にあたるかどうか。もう一つは、国有地の取引に関する公文書の改ざんや廃棄が犯罪にあたるかどうかです。
　まず国有地の値引きについて。森友学園に売却された国有地は鑑定価格が9億5600万円だったのに、8億2000万円値引きされていました。近畿財務局は、地下に埋まっていたごみの撤去費用などを差し引いただけで、適切な価格だとしていました」

キャスター　「その説明と矛盾する事実が次々と明るみに出ましたよね」

相澤　「そうです。近畿財務局は、事前の価格交渉はしていないと説明していましたが、実際には学園側が支払える予算の上限額をあらかじめ聞き出していました。また大阪航空局が算定したごみの撤去費用の見積もりについて、近畿財務局が増額を求めていました。特捜部はこれが、国有地を不当に安く売って国に損害を与えた背任の罪にあたるかどうか捜査してきました。しかし、結論は不起訴でした」

キャスター　「それはなぜでしょう？　理由はなんと？」

相澤　「背任罪に問うためには、ごみの撤去費用が不当だという根拠や、国に損害を与える意図が売却担当者にあったことなどを立証する必要があります。しかし特捜部の山本真千子部長は、『ごみの撤去費用が不適正だとするのが困難だったことに加え、学園側に損害賠償を支払う義務を売却によって免れた可能性も否定できない』と説明しました。つまり、ごみの撤去費用が不当に多すぎるとは言えないし、国に損害を与える意図があったとも言えないという判断です」

キャスター「国有地の取引に関する公文書の改ざんはどうでしょう?」

相澤「財務省の担当者は特捜部の任意の事情聴取に対し、『決裁文書の改ざんは佐川前理財局長の指示だったと認識している』と証言したということです。

また、本省の理財局から近畿財務局にメールで改ざんを指示していたこともつかんでいました」

キャスター「財務省の根深い隠蔽体質がうかがえますが、特捜部はこれらも罪に問えないとしたわけですね。これはどうしてでしょう?」

相澤「改ざんが罪に問えるとすれば、虚偽公文書作成罪、公文書変造罪、公用文書毀棄《きき》罪、このいずれかと見られていました。

まず虚偽公文書作成罪ですが、特捜部は、『文書の改変によってうその文書を作ったと認めるのは困難だと判断した』と説明しました。改ざん後も文書の本質的な部分が変わっていないから、立件は難しいという判断です。

次に公文書変造罪ですが、行政文書の本質的ではない部分に変更を加え、本来とは別の効力を持つ行政文書に作り替えたとは言えないから、罪に問うのは困難だと説明しました。

そして公用文書毀棄罪。文字通り公文書を廃棄したり隠したりした場合に適用されますが、廃棄された交渉記録は財務省が1年未満と定めた保存期間を過ぎてから廃棄しているので、罪に問えないなどと判断しました。

その他の証拠隠滅などについても、罪に問えないという判断です」

ここで識者、関係者のインタビューのＶＴＲが紹介された。私はスタジオでそのインタビューを見ながら、はっと思いついた。関係者の一人が「裁判にかけて証拠を法廷に出すべきだ」と話したのだ。その通りだ。これを強調しよう。それは事前にまったく用意していなかったコメントだが、私はアドリブでその話を途中に追加することにした。まずは、会見で私が部長から聞き出したやりとりを伝え、アドリブはその後だ。

キャスター　「注目された特捜部の捜査で、国民は一連の問題の真相が明らかになることを期待していたと思いますが、今回、すべて不起訴になりました。その点はどうなんでしょうか？」

相澤　「きょうの会見で私は特捜部長に、『すべて不起訴で終わったことを特捜部長としてどう考えていますか？』と質問しました。特捜部長は『必要かつ充分な捜査を遂げた結果、真相を解明し、それが犯罪になるかどうかを判断して不起訴にした』と答えました。

『真相を解明したと言うが、その真相は明らかにできるのか？』と尋ねたところ、『関係者の名誉やプライバシー、捜査の内容に関わるため、それは明らかにできない』という答えでした」

さあ、ここからがアドリブだ。

相澤　「特捜部は1年3か月という長期間にわたる捜査で、大勢の関係者から事情聴取を行い、多数の証拠を集め、膨大な国費が費やされました。しかし全員不起訴では、集められた証拠は一切日の目を見ません。起訴すれば法廷で明らかにされるのです。それで国民が納得するでしょうか？

通常、検察庁は、不起訴にした事件については説明しませんので、今回の会見は異例だとは言えますが、やはり問題の真相は明らかになっていません。

国有地の値引きの根拠の説明もなかったこと、決裁文書の改ざんが300か所以上と膨大なこと、佐川氏が『交渉記録は廃棄した』とうその答弁をしていたことからして、国民から納得が得られるかは大いに疑問です。

一連の問題を告発したグループは、検察の不起訴の判断が妥当かどうかを審査する検察審査会に、近く申し立てを行う方針です」

終わった。私のNHK記者としての仕事はすべて終わった。

異動のあいさつ

数日後、私は大阪地検の特捜部長室に異動のあいさつに訪れた。山本真千子特捜部長は私の異動を先刻ご承知だ。和やかな会話の後、部長が私に尋ねてきた。

「相澤さんは、会見でのあの質問を前もって考えていたんですか？」

「いや、あの場で考えました。部長の答えを当日の記者解説で使おうと思って考えたんです」
「そうですか……私はね、相澤さんが解説で話したことに何も言うつもりはありません。でもね、そのあとの7時の全国ニュースで、私の顔写真を使ったでしょう。あれはちょっとね」
「そうですね、わざと斜めにして、印象悪く見えますよね。あれは意地悪だと私も思います」
山本特捜部長は「相澤さんが話したことに何も言うつもりはない」と言った。これを私は「私の解説内容に異論はない」という趣旨だと受け止めた。特捜部長自ら、不起訴に国民は納得しないことを事実上認めたのだと思った。

こうして会話は終わった。すべてを不起訴にして山本部長は栄転するのだろう。事実、3週間後、同期のトップを切って（3人同時だが）函館の検事正になった。

だが、山本特捜部長が最初から不起訴ありきで捜査を指揮していたとは思わない。東京からやいのやいの言われてもギリギリまで捜査を続けていたこと自体が、そのことを物語ると思う。ギリギリになって一転、全員不起訴が決まったのは、何か大きな力が働いたのではないか？　そんな気配を感じさせるものがある。

……そして私は記者を外された。さあ、いよいよ本腰入れて転職先を探さなくっちゃな。

終章

NHKから大阪日日新聞へ
～森友事件の取材は続く～

（1）　第24196号　（昭和21年2月1日第3種郵便物認可）　大阪日日

タンカーが衝突し、路面が盛り上がるなどの被害を受けた関西空港連絡橋＝5日午前8時53分（共同通信社機から）

野分
大阪発・論点

森友学園事件と私

大阪日日新聞で何を目指すか

読者の皆さま、初めまして。相沢冬樹と申します。31年余り勤めたNHKを先月末に退職し、今月から大阪日日新聞で働き始めました。退職と転職のごあいさつを先月29日にフェイスブックに載せたところ、その内容が日刊ゲンダイで報じられて、賛否含めさまざまな反響が新聞社にも私個人にも寄せられています。特に私がNHKで森友学園事件の取材報道に携わっていたことが関心の的のようです。そのことも含め、私が大阪日日新聞で何を目指すのか、ご説明したいと思います。

◇ ◇

森友学園事件は政権への賛否と絡めて語られることが多いのですが、私はそのいずれの立場も取らず、記者としてあくまで事実に基づき報道に当たってきました。この事件については二つの大きな疑問点があります。

①認可基準を満たすのか疑問のある小学校がなぜ認可されようとしていたのか？

②小学校の建設用地としてなぜ国有地が大幅に値引きされて売却されたのか？

①は認可に当たる大阪府の問題、②は売却に当たった国の問題です。取材の結果見えてきたのは、公務員が行政のルールを逸脱して、森友学園に、というより、小学校設立に便宜を図っていた変です。NHK時代に私が出したニュースから二つをご紹介します。

「国有地売却前に近畿財務局側が森友学園側から、支払える金額の上限を聞き出していた。実際の売却額はその範囲内に収まっていた」（昨年7月26日放送）▽「財務省側が森友学園側に『国有の土地からトラック何千台分ものごみを運び出したことにしてほしい』と口裏合わせを求めていた」（今年4月4日放送）。

誰が見てもルールを逸脱しています。公務員は通常、こういう逸脱をしません。むしろ堅すぎるぐらい融通が利かないことは、多くの方が経験されているでしょう。なのに、なぜこの件だけ融通を最大限利かせたのか？

通常なら、金を使った贈収賄という構図になりますが、森友事件ではこの種の金が動いていないことは、検察の捜査でも明らかになっています。この「なぜ？」の背後に何が潜んでいるのかが今後の取材の焦点で、私はそこを継続取材したいと考え、退職と転職を決めました。そのこと自体は政権への賛否と何の関わりもありません。

大阪日日新聞の吉岡利固社主は、私に「自由に伸び伸びと取材し、記事を書いてほしい」と語ってくれました。そのことが、転職先にこの新聞社を選んだ最大の理由です。森友事件に限らず、取材したいテーマが多々ありますので、社主の言葉通り自由に取材し、その結果を読者の皆さまにお届けしたいと思います。

折しも、大阪を秋の台風（野分）が直撃し、多大な被害をもたらしましたが、良い意味で大阪から"野分"を起こします。

最後にお願いです。取材には情報が必要で、それは一義的には記者個人の努力と人脈で開拓するものですが、それだけでは限界もあります。特に森友事件については、財務省と近畿財務局、国土交通省と大阪航空局、会計検査院、森友学園、その他さまざまな関係者が、まだ明らかになっていない事実を抱えながら、じくじたる思いをされているのではないかと感じています。そういう方々に、ぜひ私とお話をしていただけないでしょうか？

メールアドレスはt-aizawa@nnn.co.jp　電話番号は06（6454）1101です。もちろん森友問題に限らず、さまざまな情報をお寄せください。

どうぞよろしくお願い致します。

（大阪日日新聞　論説委員・記者　相沢冬樹）

大阪日日新聞（2018年9月6日付）

仕事探し

ＮＨＫでは、ニュースの原稿をどの記者が書いたのか、ニュースの中で明示することはない。誰が出したのか、視聴者にはわからない。だが日刊ゲンダイをはじめ、いくつかの媒体で私に関する記事が出た。森友事件を取材していたA記者が、記者を外されて異動させられるという形で。匿名ではあったが、このおかげで初めて多くの人が私の存在を知ることになった。そして、様々な方から支援の手がさしのべられた。

そのうちのお一人が、朝日新聞の役員を紹介してくれた。森友報道に熱心な朝日なら私を受け入れると考えたからだろう。その役員は、私が大阪で取材を続けたい意向だと知って、大阪本社に話をつないでくれた。

異動発令を目前にした２０１８年（平成30年）６月某日、私は大阪・中之島の朝日新聞大阪本社を訪れた。応対した方の名刺の肩書きは「地域報道部長」とあった。それを見た瞬間、ある予感があった。

私は、自分がしてきた取材や、朝日に転職したら何ができるか、どういう取材をしたいか、といったことを話した。私の話を聞いた後、相手の部長は次のように話した。

「一般論ですが、相澤さんの年齢の方が転職してきたとすると、正社員ではなく嘱託職員という形で1年契約を繰り返すことになります。給与も今よりかなり下がります」

これは当然、私も覚悟している。問題はその先だ。

「勤務地も、地方の支局か報道室になります。大阪社会部に配属されることはありません」

私は答えた。

「待遇や給与のことは仕方がないと覚悟しています。しかし勤務地のことは、私は森友事件を継続取材したいと思ってＮＨＫを辞めるのですから、転職先で地方の支局に行くのでは意味がありません」

そしてさらに続けた。

「●●さんのお名刺の肩書きに地域報道部長とあったので、これはたぶんそういう話になるなと思いましたよ」

朝日新聞は最初から私を森友取材で使う気はないということだ。この話は決裂するだろうと私は感じた。そして事実、数日後に正式に朝日から断りの連絡が届いた。いや、正確には朝日からではなく、紹介してくれた方から。この朝日の部長は、私と直接会って話をしたのに、断りの連絡を私にはせず、紹介者に伝えただけだった。

その後、私はほかの紹介者を介して、いくつかの新聞や民放の方とお会いしたり連絡をとったりした。だが結論は朝日と同様か、最初からまるでとりつくしまがない、といった感じだった。これは無理だなと私は悟った。

思い返してみれば、私はそれまでNHKを辞めて他社に転職しようとする後輩記者に「どこに行っても大手マスコミは同じだぞ。むしろNHKの方がましだぞ」と言って引き留めてきた。そう、大手マスコミはどこも同じだ。であれば、NHKで31年間勤務した私が大手マスコミへの転職を考えたこと自体が間違っていた。ここは別の道を探らねばならない。

そう悟った私の脳裏に浮かんだのが、大阪日日新聞だった。これには理由がある。大阪日日新聞のオーナーについて、ある話を聞いていたからだ。

その話をしてくれた人を仮にV氏としよう。V氏は大阪日日新聞の吉岡利固《としかた》オーナーの信頼が厚く、顧問的な立場にある。そして、私の古くからの取材先であり、長年にわたる親交がある。V氏は私との飲み会の席で、話題の一つとして吉岡オーナーの話をすることがあった。それを簡潔に言い表すと、傾いた会社をいくつも再生してきた再建請負人、新聞社だけでなくいくつもの会社を束ねるカリスマ経営者、上からものを押しつけてくる権威に反発し、曲がったことが大嫌いな反骨の人、である。

そういう人であれば私を受け入れてくれるのではないか。私のしたいことをさせてくれるのではないかと考え、私はV氏にお願いした。

「Vさん、私を吉岡オーナーに会わせて下さい」

「副業を認めて下さい」

２０１８年（平成30年）７月下旬、大阪市北区中津にある大阪日日新聞のビルの６階、オーナーの応接室で、私は初めて吉岡オーナーと対面した。オーナーの妻（副社主）とＶ氏も同席した。私がどういう仕事をしてきたか、なぜＮＨＫを辞めようとしているかは、すでにＶ氏がオーナーに伝えている。だから私はいきなり本題から入った。

私は大阪日日新聞で森友事件の取材を継続したいし、ほかにもいろいろと取材したいことがある。知られざる事実を掘り起こし、読者にお伝えしたい。森友事件に限らず、ほかにも幅広い分野に興味と関心があり、取材の幅をさらに広げたい。そしていい記事を出すことで新聞の購読者を増やし、会社の経営に貢献したい。このように自分を売り込んだ。これは自分自身を商品としてこの新聞社に買ってもらうための売り込みなのだ。

続けて私は「ここでお願いがあります」と条件を切り出した。採用条件と言えば普通は真っ先に収入のことだ。雇ってもらいたい側から条件を切り出すことは普通しないだろうが、私には譲れない重要なことがあった。私は次のように話した。

「私は給料はいくらでも構いません。ですが取材費は使わせて下さい。そして副業を認めて下さい。雑誌やネットメディアや、ほかの媒体に記事を書くことを認めて下さい。私は記事を売って自分で稼ぎますから、給料はいくらでも構いません」

これは大手マスコミではまず考えられないことだ。大手マスコミではよほどのことがない限り、よその媒体に記事を売って金を稼ぐことは認められない。だから大手マスコミの記者の中には、こっそり匿名で記事を書いて収入を得る者もいる。ＮＨＫにもいる。だが、あくまで匿名、あくまでこっそりだ。私自身はＮＨＫでこういうことをしたことはない。

だがＮＨＫを辞めると、副業ができるかどうかは死活問題になる。これは、記事を売って収入を得るのが最大の目的ではない。それはあくまで副次的なもので、最大の狙いは、全国に記事を届けられる大手の雑誌やネットメディアなどで記事を書き、発信することで、自分が取材したネタを全国あまねく大勢の方に届けたいということだ。ＮＨＫにいれば当たり前にできることだが、転職するとそうはいかない。私は続けた。

「私は大阪日日新聞記者という肩書きで実名で記事を書きます。そうすれば大阪日日新聞の宣伝になります。ほかの媒体に記事を出す時は、もちろん大阪日日新聞にも同時に記事が出るようにしますから、多くの方に、大阪日日新聞にこういう記事が出ているということを知ってもらうことができます。こうして新聞の知名度を上げて部数増につなげます」

ここまで私の話を聞いたあと、吉岡オーナーが初めて口を開いた。

「こういう形で言論を封殺する不条理をわしは許せない。有為な人材をこんなことで埋もれさせてはならない。うちの会社はどこにもしがらみがないし、どこに遠慮もない。相澤さん、あんたには自由に取材して真実をどしどし書いてもらいたい。あんたはうちで面倒みる」

私の想像以上の言葉だった。今のメディア界で、こんな気骨のある言葉を語れる経営者がいるだろうか？　吉岡オーナーは御年90歳だ。だが、その言葉は力強く、迫力に満ちていた。初めて面会して1時間足らずで、私の転職は事実上決まった。

しかしこれでは、社長をはじめ役員や幹部社員の方々の頭越しに話を進めてしまったことになる。それはあまりに失礼だ。

実は大阪日日新聞は独立した一つの会社ではない。鳥取の地元紙、日本海新聞を発行する「新日本海新聞社」の一部門という形になっている。本社は当然、鳥取市にある。社長は吉岡徹氏。オーナーの次男だ。

8月上旬、私は鳥取市の本社を訪れ、吉岡徹社長をはじめ役員の皆さんにお会いし、オーナーにした話とほぼ同じ説明をして了承を頂いた。これで正式に採用決定だ。

その時、頂いた吉岡社長の名刺には、「代表取締役社長」という肩書きに続き、名前の頭に「記者」という肩書きが書かれていた。社長だけではなく、ほかのすべての役員の肩書きにも「記者」とある。私は尋ねた。

「社長の名刺に『記者』という肩書きがあるんですね」

すると吉岡社長は即座に答えた。

「うちの会社は社長以下全員『記者』という心構えでやってますから」

こんな新聞社、ほかにあるだろうか？　読売新聞や朝日新聞の社長の名刺に「記者」と書いてあるだろうか？　これは凄い。記者という仕事に限りない愛情と誇りを抱いている私にとって、これほどふさわしい新聞社はなかろう。ここに決めて正解だ。

報道局長に退職のあいさつ

転職先が決まって、私はいよいよ、取材先の方々やＮＨＫでお世話になった人、最後まで気にかけてくれた後輩たちに、退職の意思を伝え始めた。

多くの方が私のことを気遣ってくれた。ＮＨＫという大組織を辞めて、大阪日日新聞という規模の小さい地方紙に転職するのだから、無理もない。

「残念ですが応援しています」

「相澤さんのことだから大丈夫だと信じています」

そういう励ましの言葉の陰に、心配してくれる気持ちを感じることができた。ありがたいことだ。

そうした中、私とともに最後まで森友事件の取材に力を尽くしてくれた2番機H記者だけが、ニュアンスの違うメールを返してきた。

「ついに独立されるんですね。おめでとうございます」

お祝いの言葉を送ってきたのはH記者だけである。よくわかっている。さすが「5本の指」に入る記者である。

正式に退職届を出し、8月末をもってNHKを辞めることが決まった私は、我が同期の記者で、今は報道局ナンバー2の担当局長という立場にあるNに電話をした。

「最後に小池局長にごあいさつしたいんだけど、都合はどうだろう?」

「ああ、聞いてみるよ」

その後まもなく返事の電話が来た。

「喜んで会いたいと言ってるよ。あすの午前11時からが都合がいいそうだ」

翌8月29日、私は東京・渋谷のNHK放送センター本館5階にある報道局長室を訪れた。小池報道局長のほか、N担当局長も同席した。

小池局長はこのように切り出した。

「ぼくは新日本海新聞社をよく知っているんだよ。吉岡オーナーのことも」

それはそうだ。実は小池報道局長は初任地が鳥取なのだ。私の2年先輩。そして私は初任地が山口。NHKの組織上は、同じ広島管内であり、私は新人時代から小池局長のことを知っている。鳥取という小さな県に赴任しながら、次々にサツネタで全国放送の特ダネを飛ばす記者。当時、広島管内で間違いなくピカイチだった。事件記者にあこがれていた私にとって、輝かしい記者だった。

そして小池局長も、同じ管内の私のことを認識していたが、その認識は「いつも管轄局(=広島局)のデスクに怒られている、上の人の言うことに素直に従わない記者」だった。実際、そのように言われていた。そして私は実際、その通りの記者だった。

鳥取の思い出などを中心に和やかに15分ほど懇談して、面談は終わった。森友事件の話は、お互い一言も出さなかった。最後に私は小池局長に言った。

「記念写真を撮影させてもらってよろしいですか？」

同席したN担当局長が撮ってくれた、

小池さんもそんなに悪意のある人ではないんだろうと私は思う。彼は政治部時代に山拓（山崎拓元自民党副総裁）番でずいぶん親しくお付き合いしたらしく、彼が山拓氏について語る様子は私にはむしろ好ましく思える。記者の一つの姿として。

ただ、彼は細かすぎる。ニュースの制作現場にあまりにも細かく口出しして、ああしろ、こうはするなとやるもんだから、「Kアラート」などと揶揄されるようになる。そしてKアラートは揶揄にとどまらず、NHKの報道を蝕んでいるのではないかと私は懸念する。

30年前、同じ広島管内で過ごした記者2人の、あまりにも対照的なその後の人生。彼は出世したが、その上にはさらに理事がいる。彼もプレッシャーを感じて追い込まれているのかな？　それで、あんな細かいことを言うような振る舞いをしてしまうのかな？　わからないけれど、心底から反発する気にはなれない。小池さん。光輝いていたあなたの鳥取時代の姿を私は忘れていませんよ。

こうして私の中で、一つの区切りが付いた。

森友事件は私の人生を変えた

なぜ国有地は格安販売されたのか？　その謎は解明されていないし、誰も責任をとっていない。さらに言えば、国有地を売ったのは森友学園に小学校を作らせるためで、小学校を無理やり認可しようとしていたのは大阪府だ。大阪府はなぜ、そこまでして小学校を認可しようとしたのか？国と大阪府は、なぜそこまでして、この小学校を設立させたかったのか？

森友事件とは、実は森友学園の事件ではない。国と大阪府の事件だ。責任があるのは、国と大阪府なのだ。国の最高責任者は安倍晋三総理大臣。大阪府の最高責任者は松井一郎大阪府知事である。お二人には説明責任があるが、それが果たされたと思わない人は大勢いるだろう。お二人が説明しないなら、記者が真相を取材するしかない。

この謎を解明しないと、森友事件は終わったことにならない。私がＮＨＫを辞めた最大の目的は、この謎を解明することだ。

森友事件は私の人生を変えた。でも、それはいい方向に変えてくれたと思う。何のしがらみもないというこの大阪日日新聞で、私は森友事件の取材を続ける。謎が解明されるまで。

あとがき

転職を決めて間もない2018年（平成30年）8月某日、私は神戸・三宮で旧知のフリーライターと一席設けた。西岡研介氏。20数年前、彼は神戸新聞の記者で、兵庫県警を担当していた。そして私はNHKの兵庫県警キャップ。つまり我々はライバル同士でしのぎを削った。本気で闘った相手とはわかり合える。会うのは20数年ぶりだが、すぐに意気投合した。もはや同志だ。

彼は雑誌での仕事も長く、この業界のことをよくわかっている。私は彼に教えを請いに来たのだ。

「西岡さん、私、転職したあと、雑誌に記事を書きたいんだ。すでに何社か引き合いは来てるんだけど、どこがいいと思う？」

「それはねえ、編集者で決めるんですよ。いい編集者を相澤さんの担当として付けてくれる社を選ぶんです。ここはひとつ、私に預けてください。私が探ってみます」

これで用件は終わり。あとは飲み明かし語り明かすのみ。

西岡さんは仕事が早い。翌朝もう電話がかかってきた。

「相澤さん、文春にしましょう。このあと文春の担当者から電話させますから、相澤さんの携帯番号を伝えていいですね?」

そして2時間後、電話が来た。

「週刊文春の新谷です」

えっ、新谷さんって、ベッキーや甘利大臣(当時)に文春砲をぶちかました時の編集長? 今は編集長の上の編集局長だ。彼は続けて、

「相澤さん、本を書きましょう」

……週刊誌に記事を書くという話が、いつの間にか大きくなっている。だが私は数日後、東京・紀尾井町の文藝春秋本社にいた。そこで新谷さんと初めて会い、出版部長の小田氏も同席した。そして我々は意見の一致をみた。

「プロの記者の仕事が信用されなくなり、ネット上のあやふやな情報の方が信じられている。この事態を正していかなければならない」

森友事件でも、朝日新聞の報道をフェイクだと叩く人がネット上に絶えないし、私自身も「誤報を連発」などと書かれた。何が誤報なのかも示さず。もしも誤報を出せば当事者から抗議が来るし、NHKは謝罪して訂正しなければならないが、そういうことは起きていない。そもそも私の報じた内容はいずれも後に財務省自体が認めている。それでも平気で誤報と書き、フェイクと書く人がいて、それを真に受ける人がいる。かなりいる。プロの記者の記事・原稿を信じないというのは、報道への不信であり、これは民主主義の根幹を揺るがす。

だが、これはマスメディア側の責任が大きいと思う。一言で言えば、偉そうにしていると思わ

れている。自分たちの出すものが真実だと押しつけている感じを持たれているのではないか？それがなぜ真実だと言えるのか、その根拠を充分に示さない。取材源の秘匿の名の下に、読者視聴者が納得できるだけの説明をしてこなかった。私は31年間マスメディアに身を置いた者として、説明責任を果たしたいと考え、この本を書いた。

最後にこの本を、森友事件発覚時にNHK大阪報道部ナンバー2の報道統括だったT氏に捧げる。10数年前、彼は私の部下だった。私が大阪府警キャップ、彼が2番機のサブ。ともに数々の事件を乗り越えた。それから10年の時を経て、上司となって私の前に現れた彼は、私に大阪司法キャップの職を任せた。私のような年配の記者に、普通はこの職を任せない。彼だから任せてくれた。これがなければ私が森友事件を取材することはなく、この本が書かれることもなかった。あなたはこの本の生みの親だ。私はいつまでも感謝するだろう。

相澤冬樹（あいざわ　ふゆき）

大阪日日新聞（新日本海新聞社）論説委員・記者。1962年宮崎県生まれ。ラ・サール高校、東京大学法学部卒業。1987年NHKに記者職で入局。山口放送局、神戸放送局、東京報道局社会部記者、徳島放送局ニュースデスク、大阪放送局（大阪府警キャップ）、BSニュース制作担当などを経て、2012年大阪放送局に戻り、2016年司法キャップとなる。2018年8月NHKを退職し、同9月から大阪日日新聞へ。本書は初の著書。

安倍《あべ》官邸《かんてい》 vs. NHK《エヌエイチケイ》

森友事件《もりともじけん》をスクープした私《わたし》が辞《や》めた理由《わけ》

2018年12月25日　第1刷発行
2018年12月30日　第2刷発行

著　者　相澤冬樹《あいざわふゆき》

発行者　新谷学

発行所　株式会社　文藝春秋

東京都千代田区紀尾井町3-23
電話　03(3265)1211
郵便番号102-8008

印刷所　萩原印刷

製本所　加藤製本

ISBN978-4-16-390957-8